わが青春に悔いなし

戦中・戦後を生きぬいた一医師の回想

松岡健一

わが青春に悔いなし

戦中・戦後を生きぬいた一医師の回想

わが青春に悔いなし

戦中・戦後を生きぬいた一医師の回想

目次

カバーデザイン　株式会社ワード

わが青春に悔いなし

戦中・戦後を生きぬいた一医師の回想

はじめに

八〇歳の後半にさしかかって、自己の社会的存在の主たるものが、〝語り部的存在〟であることを認識するようになりました。現在まで健康が維持されていることは有難いことでありますが、生きている以上は、少しでも役立ちたいという思いです。しかし、これには条件があり、関係者の配慮に支えられながらも、あまり迷惑にならないように注意することであります。〝語り部的存在〟は、過去の事実の生き証人として、過剰にならない範囲で〝思い〟を語り、記録しておくことが次の世代の人々に何らかのお役に立てば幸いという存在であります。

過日、約一〇歳年下の岡大医学部のクラスメートが、松岡のおしゃべりを聴く会を計画してくれました。残念ながら、その前日に、「一過性全健忘」なる数時間記憶が完全に欠落する症状にみまわれ、会は流会してしまいました。しかし、このための準備にしゃべり原稿と資料を作ったことが、照れくさくて〝自分史〟など書くのを躊躇していたことを考え直すきっかけとなりました。すでに、倉敷医療生協の組織内文芸雑誌『搏動』に、広島原爆入市被爆体験や倉敷公害裁判の経験、職業病への取り組みなど、幾つかの体験記を投稿していることもあり、それを生かしながら〝語り部的〟文書に取り組むことにしました。

表題をどうするかが、頭脳をあちこちと駆け巡らせましたが、若い頃のことを忘れぬうちに書き留めておこうという発想から、表記の〝わが青春に悔いなし〟とすることとしました。従って、全面的な自分史ではなく、青春時代の思い出話といったところになります。このフレーズは、私が京都大学に入学して間もない頃、春の文化祭で上映された映画（監督：黒沢明　俳優：藤田進　原節子　大河内伝次郎　杉村春子　志村喬など）のタイトルで、第二次世界大戦中の京大学生の反戦運動を描いたものです。有名な滝川事件なども題材として登場し、投獄を恐れず官憲と闘う学生が、正に平和の戦士として、戦後の二〇歳前半の私たち青年学生の心を動かしたことには間違いありません。今でも主役の男子学生の姿は英雄的イメージとして記憶に残っています。しかし、私の青春は、この映画のように輝いているものばかりではありません。光と影が入り乱れたものでありました。幾らかの躊躇はありましたが、八〇歳代半ばを超した今から振り返ると、やはり〝わが青春に悔いなし〟と言いたい思いに到達したわけであります。

本文は、以上のことから、自分史の前半を、出来るだけリアルに、光と影を包括して記録してみたいと思います。現在、青春の真っただ中におられる方の生きざまに、何らかのお役に立てば幸いであり、晩年の私と同世代の方々には懐かしい昔話として、青春時代に少しの時間タイム・スリップして、老いを忘れて頂ければ幸いであります。

第一章

生いたち

生後五カ月で父と死別

私は、昭和二年（一九二七年）生まれです。昭和元年は平成と同じくごく短期間であったため、私の人生は実質的には昭和のはじめからということになります。わが家のルーツは後で少し語らせてもらいますが、代々の医家の長男に生まれました。父は小児科医で、若くして岡山市内（弓之町―現在は北区出石町）で開業し、数え年三三歳で早死にしました。今でいう「過労死」でしょうか。母も祖父母も死因について何も語ってくれません。ただ健康を看板にしたような男ではなく、青年期に療養生活をしたことがあると祖母が漏らしたこと以外に何も知らされていません。母が語っていたところでは、夜は遅くまで診療し、朝は五時頃には、患者さんに叩き起こされていた。これでは体がもたないと家の裏側に病室（二部屋）を建てることになり、それが完成して利用されない間に亡くなったと聞かされました。当時の我が国では「過労死」という概念はなく、また現代の「過労死」とは少し違ったところがあり、〝紺屋の白袴〟とか〝医者の不養生〟といった言葉で済まされていました。

母の兄弟は八人で、そのうち五人は女性で、三人は医者と結婚して、三人とも夫が早死にしていました。こうした家族環境は、私の幼心に一つの問題意識を与えていたようで、誰が言うということもなく、甘えや贅沢はできないと自分に言い聞かせていたように思えます。

母も医家（実家は河田精神科病院）の娘で、二七歳で子供三人を抱えて未亡人になりました。辛抱強い明治女の代表のような生涯を、八五歳で他界するまで送りました。私は、生後半年にならない時に父親を亡くしたのですが、同胞二人が女性だったので、長男として、親戚の伯父に抱かれて喪主を務めたと聞きます。すでに隠居していた祖父が、「松岡醫院」の看板を守り、孫の養育のため老骨に鞭打ったというわけです。そのため誰に言われたわけでもなく、医師の道を歩むことになりました。従って、父親の味は全く経験しないで大きくなりました。祖父はきわめておとなしい男で、田舎医者としてこつこつ働きぬいた人生の持ち主で、私は誰からも叱られた経験がありません。

わが家のルーツ

ここで少しわが家のルーツを語らせてもらいます。私の原籍地は、現住所でもある岡山市中区倉富で、高度経済成長期に入るまでは岡山市の郊外でした。岡山藩の殿様池田光政が約三百年前（貞享二年――一六八五年）に児島湾の大干拓事業（上道郡沖新田開発）で広大な農地を作り、分け地を貰えぬ農家の次男三男を入植させた純農村地帯であります。当時の百姓の目標が倉を持つことだったとの話で、地名が倉田・倉富（柴田一著『岡山藩郡代津田永忠』によると倉留とある）・倉益と呼ばれ、湊・平井、一蟠～九蟠など海辺の呼び名が地名として残っています。わが家の先祖は、この干拓事業までは侍医として、岡山城の近くに住んでいたらしいのです。わが家が旧上道郡操陽村の役場の近くにあることから想像するに、入植農民の医療のため派遣されたものと推察されます。

旧岡山市内の私の生家は空襲で全焼し、その上、金剛寺というお寺も全焼したので過去帳が焼け、正確な記録が全く残されていません。従って、墓石が唯一のわが家のルーツの証拠物件です。それによると、明治以前は医師国家試験などはなく世襲制で、娘まで入れて一〇代（環、孫左衛門二人、意敬三人、安顕、久太郎、健一、佳子・泰子）継続された医者の家であることになります。この間、貧しい農民が相手ですから、貧しい田舎医者であったことは間違いなく、倉にも値打ちのある歴史的遺産品はほとんど見当たらないのは残念です。

地味な田舎医者の生涯を送った祖父のこと

私にとっては、父の代わりをして育ててくれた祖父について、少しばかり思い出を記録しておきたいと思います。このことは、子供たち三姉妹は高校卒業と同時に三人とも県外の大学に学び、社会人としての生活の道を、生活費・学費以外はそれぞれ自分で選択して歩んでおり、わが家のルーツをゆっくり語ることをしないまま今日に至っていますので、記憶が不確かにならないうちに記録しておきたいという家族的な理由からです。また、明治前後の医学史を語る際の参考にもなると思うからであります。

祖父松岡久太郎は、慶応三年（一八六七年）生まれで、世襲制から近代医学（ドイツ医学）教育を受けて医師免許証を授けられた最初のころの医師でありました。明治一七年に第一期生を卒業させた岡山県医学校（現在の岡山大学医学部の前身）第五期生で、母方の祖父河田清造は第二期生でありました。祖父以降の学校は、第三高等中学校医学部、六年後には第三高等学校医学部と改名し、更に六年後には岡山医学専門学校から岡山医科大学に、第二次世界大戦後、岡山大学医学部へと制度の変更とともに校名が変遷しています。創設期は明治初期で、今でも語り継がれる名士が同窓会名簿には記入されています。一例を挙げると、第三高等中学校医学部第一期生には、社会福祉史には必ず登場する岡山孤児院の創設者〝石井十次〟の名前が記載されています。彼は孤児を救うことは医者では出来ないと、中途退学してその道に走ったと言われています。

すでに述べたように、祖父久太郎は田舎医者として生涯を通した地味なこつこつ型の医師で、同窓会名簿には記載されないという存在でありました。このことを知った私は、同

岡山県医学校時代（明治 24 年頃）
前列右から二人目松岡久太郎（祖父）、三人目河田清造（母方祖父）
後列右から二人目戸田虎三（姉の夫の祖父）

窓会事務局にたびたび足を運び、やっと岡山県医師会に残されていた医籍登録番号を探し出し記載されるようになったという笑い話にもならないエピソードがあります。先代の松岡家には男の子がいないので、祖父は伊沢家（学者筋の家―東北大学工学部教授、鳥取大学文学部教授などを輩出）から長男でありながら松岡家に一五歳で養子に入籍しました。若い頃は養父に従いながら、近所の子供の寺子屋的教育をしていたとのことです。当時の松岡家は貧乏でしたので、家計の助けにもなっていたようです。これらは祖母の話で、祖父はその頃のことは一言も語ってはくれませんでした。祖母真喜の実家である丹原家は、佐山という岡山市から津山よりの農村で、中農以上で農業と商売を兼業していたらしく、江戸時代まで士族であった松岡家が平民と縁を組んだのには、それなりの意味を持っていたようです。祖母が嫁に来た時は、松岡家は貧乏しており、近所の縫い物をして家計を助けたと、たびたび漏らしていました。祖母は記憶力がよく、昔話をよく聞かせてくれ、今から考えるとわが家のルーツのほとんどは、彼女の口述の資料からでありました。残念なことに晩年は認知症で、母は大変介護に苦労しました。従って事実の客観性にはやや問題はありますが、祖父の時代のわが家の様子は、おぼろげながら認識されました。

祖父の時代の医師の姿の概要を描くと以下のようになります。毎日午前中は、患者さんや家族がやってきて、現在でいう外来診療をやり、午後は馬に乗って広範囲の往診をするというのが日課でした。急患があるときは、祖母が時刻から判断して、祖父の存在場所を教えるという具合だったようです。当時はもちろん看護婦がいたわけではなく、祖母が看護から事務会計をすべてこなしていたようで、患者の住所から、家族状況まですべて祖母の記憶に頼っていたものと想像されます。戦後私たちが岡山市街から原籍の現在地に移った（空襲で焼き出された）時には、まだ約百年ほど前に建てられた門屋に、馬屋と世話人が住んでいた小屋が残っていました。家計は大変だったようで、収入は〝薬九層倍《くすりくそうばい》〟といって、すべて薬代に還元されていました。今からは想像しがたいほど、薬の種類も少なく、すべて散薬・丸薬・水薬にまとめられ、各医家が〝家伝の妙薬〟を持っていたらしい。薬代は、盆と節季（夏と年末）に徴収するため、帳簿に記録していましたが、小作料に苦しむ百姓には現金を払う余裕はなく、適当な物納で済ませることが多かったようです。〝医は仁術〟という言葉の存在もこうした社会背景があったためではないかと想像されます。当時の農村では、油屋、籠屋、飴屋、庄屋など「屋」のつく者以外は、現金はあまり持ち合わせていなかったようです。医家の生活は、主に地主としての小作料に頼っていたものと思われ、わが家の先祖は開拓地の田舎医者なので、多くの土地は所有していなかったため、経済的には苦しかったと想像されます。

短命であった父のこと

祖父松岡久太郎は、明治・大正・昭和という日本現代史の夜明けの時代に、農民に密着した臨床医の一つの典型ともいえる生涯を送り、私はその背中を見ながら医師の道を歩みだしたと言えましょう。

父松岡意敬は、明治二九年（一八九七年）生まれで、すでに述べたように数え年三三歳で早死にしましたが、その生涯はいわゆる大正デモクラシーの時代でありました。亡父のことは何一つ記憶にないのは当然ですが、遺品の中に当時の社会風潮を想像させるものが幾らか残っていました。書棚の中に、医学専門書の他に、明治・大正・文学全集が大切に保存されていました。空襲で全焼したので一冊も残っていないのが残念ですが、漱石の『吾輩は猫である』、『三四郎』やハイネの恋の詩なども見かけ、中学生の好奇心で読みふけったことを思い出しています。後にこれは、私の六高時代の教養学習に役立ちました。また、父は岡山医学専門学校の大正九年卒業で、同クラスは積極的な雰囲気があったらしく、クラス会が家族を含めて盛大に長く継続されていました。その中には、原勝己（結核病院開設）、林香苗（岡大生理学教授）、玉川忠太（病理学）、山田謙吉（無産者診療所）など名の知れた方々がおられます。

第二章

幼少時代

虚弱児童から元気な少年に成長する

私の名前の健一というのは、誰がつけたものか由来は明らかでありませんが、想像するに父親があまり元気な男ではなかったので、健康が第一という祖父母たちの発想からだと思われます。小学校低学年では、虚弱児童のグループに入れられていたようで、朝礼ではよく倒れて、保健室に連れて行かれていました。きっと、今でいう起立性調節障害だったのではないかと思われます。何れにしろ保健室の常連であったことは確かです。ところが、三年生頃から次第に元気な児童へと衣替えしたようで、五、六年生では、運動会でもよく走る、剣道の寒稽古では、全校生徒勝ち抜き試合で優勝するといった具合でした。器械体操では代表選手で県大会に出場

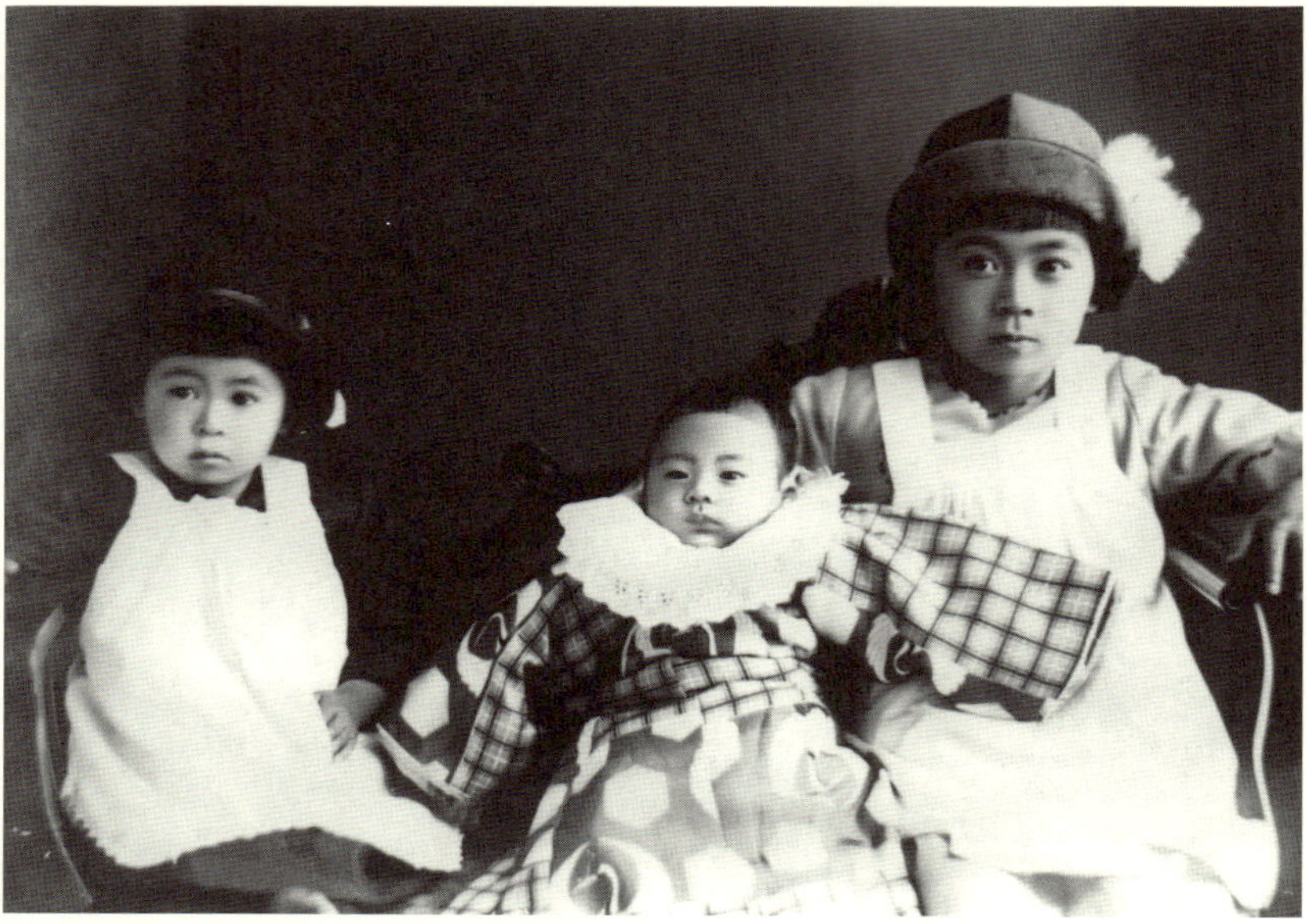

生まれて間もない筆者と二人の姉（正子〈右〉、久子〈左〉）

しました。私が学んだ女子師範学校付属小学校には中流階級の子弟が集められているので、対校試合では〝末席を汚す〟といった存在ではありますが、入学時では想像できない成長といったところでした。親戚筋でも〝虚弱な健ちゃん〟で通っていたので、自らも負けん気を持っていたのは確かであり、母が夏休みには下津井（倉敷市児島）の海辺に泊まり込みで従兄弟達と生活を共にさせてくれたのが良かったのかもしれません。学業の成績はそこそこで、岡山県立第一中学校（略称一中―現在の朝日高校の前身）に入学することができました。当時「一中」は、岡山ではエリートコースの一つで、医師になるには通らねばならない道でした。

小学生時代の社会的背景

ここで、中学進学までの幼少時の歴史的社会的背景について回想してみたいと思います。生まれ年の一九二七年は、実質的な昭和時代の始まりで、幾らか自由度のあった大正デモクラシーは終わりを告げ、日本帝国主義が中国への侵略を開始しはじめる頃でありました。第一次世界大戦後の不況に、一九二三年の関東大震災による大打撃が加わり、一九二七年には金融恐慌が起こり、中小銀行は経営破たんに陥り、いわゆる「銀行取付け」が世間を不安に陥れました。母が「銀行取付け」を何時も心配していたことは、幼い私の記憶に残っています。一九二九年にはアメリカ・ウオール街の株暴落を経て世界恐慌に突入することになります。軍事的には日本軍と蒋介石率いる国民党軍との衝突（山東出兵）が起こり、一九三一年に満州事変へと突入し、事態は傀儡《かいらい》国家「満州国」建国へと進みます。

国内政治では、国民の自由と民主主義を制限する体制が強まり、一九二八年の三・一五事件（治安維持法による最初の日本共産党弾圧事件）、京大滝川事件に代表される学問・言論の自由を奪う路線へと進みます。更に一九三二年の五・一五事件、一九三六年の二・二六事件など軍部が政府要人にテロ行為を行う事件が連発し、一九三八年には国家総動員法が発令され、政治・経済・社会の全分野で軍国主義体制が進みます。教育の面では、教育勅語を中心にした天皇制軍国主義教育が進められました。校門の出入りには、必ず天照大神の祠《ほこら》に向かって最敬礼をするように教えられ実行させられました。天長節（天皇誕生日）、明治節（明治天皇誕生日―現在の文化の日）、紀元節（現在の建国記念の日）などの祝日には講堂に全員集合させられ、モーニングを着た校長が、教育勅語（児童にはその意味が理解できない）を朗読する式典がありました。今でも記憶に残っている二年生のときのエピソードがあります。私は教師の言うことをよくきく児童でしたが、独特の口調で読まれる校長の教育勅語が、なんとなく滑稽に聞こえ、くすくすと笑う友人につられてこらえきれず笑ってしまい、後で教員室に呼ばれ担任の女教師に涙を流して叱られたことは忘れられません。子供心にはよく解らないままに、一九三七年の「南京陥落」には商店街の提灯行列に動員されたことは記憶しています。学校名も尋常小学校から国民学校に変更され、日本人が何か優れた民族のような気分に誘導され、見たこともないのに中国人は〝ちゃんころ〟、朝鮮人はきわめて差別的軽蔑の語感をこめて〝ちょうせん〟と呼ぶような教育的環境に包まれ、その傾向は日一日と強められていきました。私の小学校時代は、「満州事変」

小学校入学した筆者と二人の姉と祖母

岡山県女子師範付属小学校二年生クラス写真
筆者は中列左から四人目の男の子（級友谷合鉄也氏—倉敷紡績 OB 提供）

に始まり、中国侵略へと進む日本帝国主義の領土拡張の初期といったところでありました。更に、日独伊防共協定によるファッシズムと反ファッシズム戦線とが激突する第二次世界大戦への突入へと進んだ時期でありました。学校にある世界地図は、朝鮮、台湾、南樺太は日本本土と同色の〝赤〟、満州国は〝ピンク〟に塗られ、東南アジアから豪州までを含めた〝大東亜共栄圏〟という枠組みが示されていました。

戦時下の中学時代の歩み

一九四一年一二月八日の真珠湾奇襲攻撃—米英への宣戦布告は、中学校に進学した時で、異常な緊張感を感じたことを覚えています。岡山一中は、現在でいう進学校で、軍国主義教育は比較的緩かったようですが、正式教科に相当量の軍事教練が入り、軍人勅語をしゃにむに覚えさせられ、長距離の行軍や、高学年は銃を持たされた軍事教練が行われました。正に軍国主義一色の教育環境が進行しました。一中はエリート養成という特徴を持っていましたので、卒業期の目標は、成績上位の生徒は陸軍士官学校か海軍兵学校へ、中以下の成績の生徒は予科練（戦闘機や潜水艦に乗って肉弾戦をする）へという風潮が流れていました。

勉強も運動もそこそこやれる男の子に成長した私ではありますが、一中に入るとそこには全県から選ばれた生徒の新しい集団という環境変化に、いささか緊張した日々を送ったことが思い出されます。

どちらを見ても利口そうな生徒ばかりに見えていました。毎日学校で教えられることを消化するのに一生懸命でした。二年生になるとしだいに慣れと少しばかりの余裕が生まれてきました。その頃、体操の教師から駅伝に出るように言われ、何もわからず引き受け、遮二無二走ったことを思い出します。一中の生徒はよく勉強するという評判でありましたが、運動の方は全く駄目で、野球などは必ず一回戦で負けて帰っていました。私が走ったのは、アンカーの前の区で庭瀬・野田間でした。他校の選手たちは、想像以上の速さで駆けるので、無我夢中で走りましたが、成績は七位と振るいませんでした。残念で先輩たちに申し訳ないと小さくなっていましたが、実はアンカーの五年生の五位に継ぐ成績であったことが、後で知らされ、急に自信が生まれました。以後の中学生活の目標は、〝文

岡山一中時代の筆者（七つボタン）と姉と母（閑）

武両道〟すなわち勉強と運動の両立を目指すこととなりました。

当時の世の中は、日本帝国主義のアジア侵略戦争という大きな枠組みで動いていましたが、私は家庭環境からも、反戦思想が芽生えていたわけでもありませんが、立派な軍人になろうというような気分の持ち主ではありませんでした。三年生では、学業成績はクラスの級長レベルとなりました（一中では各学年が成績順に五クラスに平等にクラス分けされていたので、第○学期の級長・副級長では成績は第○番目と決まっていました）。一方、全校生徒一斉二〇〇〇メートル競走では、何時も三番以内に入るという実績の持ち主でした。〝今回のトップはマッケンか？〟といった囁きが生徒の中で聞こえてくる存在でありました（私はあまり個性が強くないからか、綽名がつけにくかったのか、名前の短縮マツ・ケンで呼ばれていました）。

四年生になると、目指していた一学期の級長になり、同時に夏の国体の選手に抜擢されました。当時の中学校は五年制で、四年からも進学試験が受けられ、合格すれば四年修了（四修と呼んでいた）で五年生と一緒に卒業していました。すでに述べたように、成績上位グループは海軍兵学校か陸軍士官学校に進むのが大勢でした。従って、一学期級長クラスが夏の国体選手になるなどは異例のことでした。授業後の陸上競技部の練習と、受験勉強とを両立させるのは大変な努力と体力が必要でありました。睡眠時間は四時間以下だったと記憶しています。祖父が時々心配して、夜おそく部屋に顔を出し、「寝ろよ」と注意してくれていました。こうした無理がたたって夏季国体の前日に四〇度前後の高熱を発し、〝幻の国体選手〟となってしまいました。高熱は一週間持続し、「満州熱」という病名がつきました。当時は化学療法はほとんどなく対症療法のみで、伝染病は強制隔離されるので、祖父は友人医師と相談して「満州熱」として隔離を避けたと思われます。実態は「腸チフス」だったのでしょう。医師になってそのことが再確認されました。回復期の腸出血で命をおとすことを恐れ、長期間の絶食と大量皮下注射（当時は点滴の手技はまだ普及していませんでした）でやっと命を取りとめました。二学期の終わり頃やっと通学することができました。自分の思いとは関係なく、軍人将校の道は全く考えられず、担任の教師に聞かれ、とにかく高校（六高）に進む以外にないといったところ、「お前のような勉強してない者が六高に受かったら、六高の値打ちが下がる」と苦笑されたことを思い出します。ところが、戦局が日本軍にとって厳しい状況へと突入する中で、戦時教育にも変化が表れ、「新体制の数学」と称して、旧来の代数・幾何から対数、確率、三角函数などの初歩的な内容が新しく取り入れられ、戦時下の教育として実戦に役立つものへと変化しました。試験問題もその影響を受け相当な変わり方で、受験生の頭を混乱させたものです。例えば一年前の高校試験問題には、「サイコロを二つ振って合計八になる確率は？」といった問題から、私の年には、周囲の長さXメートルのY角形の池の周囲幅五メートルの道の面積は幾らか？」（これは後の高校の数学教科書に取り上げられていた）という具合で、それまで代数・幾何の難問題に集中して勉強していた受験生にとっては、予想外の問題で、混乱させられたのでした。幸い私は、旧来型の勉強をする時間が無かったので、闇雲に問題にぶつかり常識的な解答をしたのが合格に結び付いたと言えましょう。教師たちもきっと病み上がりの私が一度でパスするとは想像されなかったと思います。

第三章

六高生時代

六高生活の概要

旧制高等学校（六高）生の時期は、二〇歳前後の年齢で、誰しも青春の入り口の思い出の多い時期であります。私の社会人としての人格形成の上からは、軽視できないものと考えています。概略的に述べると、大きく二つの節目に分かれます。その前半は、第二次世界大戦の末期という時代的社会的制約の下にありながら、次世代をリードするエリート養成のための特別の教育環境の下に、旧制中学時代の枠を超えた特別の人間形成の場に身を置いたことです。後半は終戦を迎え、日本社会の大転換の中で生きる道を探究したことであり、以降の人生観の基礎が作られたことであります。

ここで、若い世代の方に理解してもらうために、旧制高等学校の教育制度の変遷について、その概要を述べさせてもらいます。本来、旧制高等学校は三年制でしたが、私が入学した昭和一九年頃は、第二次世界大戦が終局を迎える時期でありました。もちろん、残念ながら私たちは〝撃ちてし止まん〟の軍国主義に洗脳され、このことを知る由もなかったわけです。しかし、戦局はただならぬものになりつつあることは、それとはなしに肌で感じるようになっていきました。一年生は在校で何とか教科を与えられますが、二年生になると寮の部屋長以外は泊まり込みで軍需工場（水島航空機製作所、玉野三井造船所など）に動員され、三年制は半年短縮され九月卒業というスケジュールに変更されました。ところが、私たちのクラスからは、更に完全に二年制へと短縮されました。したがって私たちは、一年間に三年間に学ぶ内容を圧縮して教えられるという事態になったのです。このことは、終戦後倉敷紡績の工場を借りての授業の中で、物理学の雑賀教授が、「君たちには一年間で三年分の内容を教えたので、講義する材料がないから、今日は原子爆弾の話をする」と言って、原子物理学入門の講義をされたことを思い出します。ドイツ語の麻生教授の一年の三学期のテキストは、以前は三年生の最後に使用される有名なドイツ文豪ゲーテの『詩と真実』(Dichtung und Wahrheit) であったことも、同様であります。

私は、第二次世界大戦の終戦を学徒動員先の広島市の日本製鋼所で迎えました。詳しいことは後で触れることになりますが、時期的には平時ならば二年生の夏休みということになります。母校の校舎も、岡山市内（現在の北区弓之町）の自宅も空襲で全焼し、一時は全くの混乱状態に陥りました。幾ばくか時を経て、旧制高等学校は元の三年制に復活することが伝えられました。校舎はない、教科は終わっている、ノートやペンなどの学習手段もない、その上教師も学生も腹を減らして、日々食べるものを探すのが精一杯といった状態で、後一年半どのような学生生活を送るか全く予測が立たない中を、平和な時代の高校生活を取り戻すため、教師も学生も頑張り抜いたというのが正直なところでした。私たち二〇歳前後の青年にとっては、その後の人生行路にとって、忘れえない貴重な時期であったことには間違いありません。以下記憶に残っているエピソードと人間形成のストーリーを思い出話型に記録することとします。

入学時の思い出

私が六高に入学する直前に、思わぬ事件が起きました。それは寮生の火の不始末が原因？と噂された校舎と寮の一部の火災でありました。そうでなくても受かることは誰も保証してくれない受験でしたので大変なショックを受けました。しかし、当時はエリートを教育する国立大学の予備校的存在であったナンバー・スクール（注1）なので、直ちに校舎も寮も再建されました。

注1：一高―東京、二高―仙台、三高―京都、四高―金沢、五高―熊本、六高―岡山、七高―鹿児島、八高―名古屋

全人的人格形成という教育目標で、全寮制、皆部制が採用されていましたが、これには多少戦時下の全体主義的思想が影響していたらしく、それ以前には入寮・入部は自由の時期もあったようです。私は、将来的に医師を目指していましたので、理科乙類（医、薬、農に進む学生で、第一外国語がドイツ語となる）に進みました。

普通入学時の思い出には、校長の訓示とか、特徴ある教師の講義の一端などが出るものですが、私にはその種の記憶は皆無と言っていいほど残っていません。最も強烈な印象として残っているのは、新入生歓迎の全寮生ファイヤー・コンパでありました。このことについて、少しばかり思い出を語らせてもらいます。

六高時代の筆者

新入生歓迎ファイヤーコンパ（『六稜回想』より）

一通りの寮生活のオリエンテーションが終わり、日が暮れるに従って、三々五々校庭に寮生が集まりました。そこには、すでに述べた火事による焼けぼっくいが重ね上げられ、ちょっとした小山が出来ていました。日が完全に落ちた頃、この小山に火が点けられました。「六高生の裸おどり」とは何処ともなく耳に入っていましたが、これがそのものとはつゆ知らず、何が起こるのかと緊張した面持ちで事態の成り行きを見守っていました。何処からともなく、歓声が上がり、その蛮声が次第に大きくなりました。後から考えると、〝新入生歓迎大コンパ〟―〝アイン・ツワイ・ドライ〟（ドイツ語の一・二・三）から始まる「北進歌」（インターハイの応援歌で校歌とともに歌う）であったのです。パチパチと大焚き火が燃え上がり、あたりが明るくなった頃、先輩学生の全裸の群れが、寮歌を歌いながら踊りだしたのです。その表情には、おどけたところなど全く見られず、大真面目に新入生を迎える情熱を表現したものに見えました。全体の群れは、異常な興奮の坩堝《るつぼ》にと燃え上がりました。コンパは終了宣言の下に幕を閉じましたが、新入生たちの興奮はただならないものがあり、何となく寝づらい一夜だった記憶が残っています。

寮生活と人間形成

六高の教育方針は斯《か》く斯《か》く然々《しかじか》であるといった公式文章などを目にしたことはありませんが、先輩たちの話と行動から、中学時代のいわゆる〝ガリ勉〟生活を転換させ、人間性を豊かにすることが高等学校の役割であり、専門学習はそれぞれの専門の大学でやればよいといったものでした。これに関する公式文書は無いかと探索しましたが、唯一目に入ったのは、同窓会編『第六高等学校校友会部史』（創立百周年記念―平成一二年一〇月一二日発行）の同窓会長木村睦男氏の巻頭言の一節であります。それによると、初代校長酒井佐保氏（当時三三歳）が、着任時に語った教育方針に「教育に三別あり、知育、徳育、体育これなり……中略……知育、徳育、体育はどれに偏ってもいけない。うまく調和してこそ教育の本当の実が上がる」と喝破され、開校後三年目に校友会を発足させたとのことであります。もちろん私たちは当時このこと知る由もありませんでしたが、全寮制、皆部制、ユニークな教師による講義が教育制度の三本柱となっていたと推測されます。

全寮制は、時代により幾らかの変化はあったようですが、徳育すなわち人間形成の場と位置付けられていたことは確かであります。初代校長酒井佐保氏が、一部の反対を押し切って断行したことが、当時の事情を記録した小林宏行著『六高ものがたり』（岡山文庫　日本文教出版）に書かれています。結果として、八十代半ばに達した老人の記憶の中にも比較的鮮明に残っており、懐かしい思い出にもなっている寮生活は、このことの証明でもありましょう。現在でも同室（新寮階下五室）一〇人のうち生き残り四人は、一年おきに集まって旧交を温め、人生を語り、天下国家を論じている？　関係にあります。二〇歳直前の多感な青春時代に、一年間とはいえ、二四時間の全生活を共にする学生生活は、貴重な経験であったことに違いありません。特に私にとっては、父親の味を知らず男兄弟にも恵まれなかったので、一〇人の若い男くさい集団生活から得るものが人間形成にとって人一倍であったとい

寮生活（寝室でのダベリ）（『六稜回想』より）

六高生の読書「三種の神器」

えましょう。

現代の若い方には想像しがたいところもありますので、寮生活の概要を簡単に紹介しておきます。学生寮は、北寮、中寮、南寮が古くからあり、私の入学時に学生が増えて新寮が増築されました。すべて二階建木造で各階五室で構成され、各部屋一〇人で生活していました。内訳は、一年生が八人と二年生の部屋長と副部屋長で、二人を「おやじ」と「ムッター」（ドイツ語の母）と呼んで、家庭的な雰囲気を漂わせていました。お互いに堅苦しい思いをしないようにあだ名・愛称で呼びあうことが習わしになっていました。一〇人用の学習室と十数畳の寝室で寝起きし、寮の運営は学生の自治で、各寮に三年生の寮長がいて行事を取り仕切っていたようで、学校側が顔を出すことは皆無といってもよい状態でした。

たどたどしい記憶を頼りに、当時の平常時の一日の日課と生活スタイルを描いてみます。早朝は、何処からともなく聞こえてくる〝起きろっ〟という声に、あちこちからこれに呼びこたえる〝起きろっ〟の合唱?で、全寮がそれまでの静寂が破られ、叫びながら走る寮生の足音による一大騒音に変わります。運動場に走り出た寮生は一カ所に集まり、寮長からその日の連絡事項が伝えられて朝礼?が終わります。以後、洗面、排便のラッシュを乗り越え、部屋の掃除を済ませて大食堂に集まり、部屋ごとのテーブルで朝食が始まります。戦時下で食糧は配給制で統制されていますので、炊事係は米飯、味噌汁など平等に分配するのに神経をつかったものでした。

授業は、平日は午前三時間午後二時間で、中学校ではなかった科目は哲学で、化学が無機と有機に分化されていること、外国語は二カ国語で、理科乙類の第一外国語はドイツ語で、時間数も多く採られていました。英語は敵国語という暗い雰囲気が漂い、教師の姿勢も俯《うつむ》き加減でした。日常生活で交わされる短い通用語もほとんどドイツ語でした。女の子はメッチェン（Mädchen）、食事はエッセン（Essen）といった調子でありました。

午後三時に授業が終わると、ここから人間が変わったように学生は部活動の練習に心魂を傾けるのであります。猛練習の週間は、授業時間は休息の場でありました。心身の限界に挑んで各部は練習に励みます。へとへとになった汗まみれの身体を大浴場で洗い流して、心を癒すという流れでありました。

夕食後は、消灯まで各部屋の学習室で各人の思いに従って自習しました。戦時でアメリカ軍の本土空襲に襲われだした時期で、灯火管制という制約はありましたが、消灯後寝室での会話がまた特別の体験でありました。ローソクの光を頼りの学習？　―〝ロー勉〟と呼んでいました―は、先輩たちの人生論や性教育？　―どの部屋からともわからないが、俗にいう〝枕本〟と称するグロテスクなエロ本や、『完全なる結婚』（vollkommmene Ehe）と題する女性生理の書などが素材となる「猥談《わいだん》」―が展開されるわけです。

さて、寮生活を通じて最も大きな影響を受けたことは、それまでの中学校生活が勉学中心―後半は進学目標への集中した生活リズム―であったのを、一八〇度転換して人間形成を目標としたものに作り変えられたことであります。そのために、専攻が理科・文科を問わず、いわば〝文学青年〟に成りきり、社会・家族の拘束から解放されて、自由を謳歌して、人生を語ることを第一義とした生活を送ることになりました。学ぶことは、教科のテキストは第二義的なものとし、国内外の有名な文学作品を片っ端から読み、寮友たちと議論することが日々の課題でありました。昭和一七年卒の河相保氏の六高同窓会誌の投稿には､当時の読書の中でよく読まれた〝三種の神器〟と言われた出隆の『哲学以前』、阿部次郎の『三太郎の日記』、倉田百三の『出家とその弟子』が記載されています（三八頁参照）。残念ながら、私たちの時代は第二次世界大戦が終焉を迎え、言論統制が徹底していたため、戦後唯物論哲学で注目された出隆の著書は目にも触れなくなっていました。夏目漱石の『吾輩は猫である』、『坊っちゃん』、森鴎外の『高瀬舟』、『山椒大夫』、トルストイの『処女地』、ドストエフスキーの『罪と罰』などなどがよく読まれ、議論の素材にされていました。授業中にこれらの文学書を読むことは〝内職〟と称して講義を無視してはばからない悪弊がありました。また、日常生活では有名な〝弊衣《へいい》破帽《はぼう》〟と言われた破れた帽子に汚れた腰タオルとマント姿に高下駄は、世間に媚びる容姿に対する抵抗した思想の表現でありました。

寮生活について語る場合、必ず記述しておかねばならないことに寮歌の問題があります。六高に限らず、旧制高校の寮歌は超高齢の同窓生の若き日の思い出の大切な財産で、今でも寮歌祭が全国で数カ所開かれています。母校の地岡山での寮歌祭は、このところ倉敷市のアイビー・スクエアーの一室で毎年前夜祭を含めて二日にわたり、全国から参加される八〇歳以上の老人たちが蛮声を張り上げて歌い続け、若さを取り戻す一助となっています。

六十数年経過した現在から、旧制高校の寮歌とは何だったのか？　と懐古してありふれた表現で言わせてもらうと、それは青春の情熱のはけ口とも言えるし、青春の情熱を昂揚させる手段であり、青春のロマンの表現でもあったと言えましょう。同時に、若い世代の友情と連帯の証しでもあったと言いたいところであります。

校友会部活動の思い出

寮生活に続いて六高生活の第二の柱は、皆部制による強烈な部活動でありました。私は中学校時代に長距離競走が特技でありましたので、自然の流れとして陸上競技部を選びました。入試結果の発表時、岡山一中の一年先輩の故杉原氏がすでに私の合格を知り、勧誘されて一口返事で意思表示したことを思い出します。

皆部制をとった部活動の狙いは、中学校時代の好みと遊びの性格とは全く違い、心身共に強靭な人間形成であり、一言で表現された「忍苦精進」がその指導理念でありました。一日も休まぬ練習活動は聞きしに勝る、半端なものではありませんでした。「忍苦精進」という熟語の語源を探索してみましたが、古い漢和大辞典にも記述されていません。「忍苦」と「精進」という言葉は、『広辞苑』にも出てくるいずれも仏教的な修養用語であります。察するに、六高の先輩の誰かが発語し、それが実体に即しておったため、学生の心に響き六高固有の用語となったものと想像されます。実際、毎日午後三

岡山寮歌祭（2007年）筆者のスケッチ　第六高等学校同窓会報第６号裏表紙に載る

六高陸上競技部の練習後の姿（筆者前列右端）

時からの各部の練習は、正にこの言葉がぴったりするものでありました。

　私たち陸上競技部の日々の練習は、選手監督（上級学生）の〝アップしょう〟の呼びかけに応えて、ウオーミング・アップ（全員で柔軟体操→三〇〇メートルのトラック一周→一〇〇メートル疾走五回）を行い、後は各グループに分かれて、リーダーの下でスケジュールをこなすのです。私は関節が比較的固いので、持久力を生かす中距離グループに所属しました。リーダーは、すごい張り切りボーイでしっかりしごかれました。よく覚えていませんが、専門の競技である八〇〇メートル、一五〇〇メートルの全力疾走は必ずやらされていたと思います。忘れられないのは、全力疾走と全力疾走の間は、横になったり座って休むことは許されなかったことです。休養？　は三〇〇メートルのトラックを歩いて一周することと、柔軟体操をすることでありました。

　また現在と違い練習中は一切水分はじめ口には何も入れさせてもらえません。従って練習が終わった時は、脱水状態にあったと言えましょう。練習の終わりは全員でトラックを一周走り、部歌を歌って解散でした。威勢の良い寮歌とは全く違って、消耗の限界の微かな声で歌ったことは印象的でありました。また年に二回の〝猛練習〟の時は大変でした。特に三勲神社の急な石段を駆け上がる練習は、心臓が止まりそうで、校庭のグラウンドに帰った時は皆ぶっ倒れそうになっていました。でも最後のトラック一周と部歌の合唱は止めませんでした。

　さて、こうしたスパルタ的練習は何のためにやるのか、という煩悶が生まれるのは当然でありますが、それはインターハイに優勝するとか、新記録を生み出すためというわけでなく、「忍苦精進」の人間形成にあったようです。むしろ、結果としてインターハイの好成績や各種目の新記録が生まれていました。後で少し詳しく紹介しますが、先輩たちの期待に反し、私はインターハイで五〇〇〇メートル競走で優勝の栄冠を得ました。この間の私たちの心境の状態について、私の親友である大塚昭信君の思い出話を、『名城大学教授退任記念誌』から読み取って頂くことにします。彼は有名な英語学者大塚高信の息子で、六高から京都大学医学部薬学科に進学し製剤学を専攻して、最終的に名城大学長を務めました。彼は寮の同室仲間で、戦後にはわが家に泊まって卒業試験勉強をしたこともある仲でありました。彼は剣道部でしたが、父親から受け継いだ文才の持ち主で、部活動のあり様を「やせがまん」と表現し、以下のように記述しています。少し長くなりますが、私に代わって語ってもらいます。

中学を終え、父親の郷里である岡山の旧制高等学校―第六高等学校に終戦の前年昭和十九年に入学しました。そこで、私はひどいショックを受けます。なんと、中学時代にいいこととされたこと、価値があること、つまり、いわゆる優等生になること、これがすべて否定される世界に放り込まれることになったのです。全寮制で、まず部屋長と呼ばれる先輩から申し渡されたことは、「学校には出んでいいが、部の練習は絶対にさぼるな」ということでした。……中略……この高校の運動部の練習のきついことは定評があり、それなりの覚悟はしていたのだが、現実は予想をはるかに上まわるものであった。剣道場と柔道場の境に便所があったが、そこで嘔吐した経験のない者の方が少なかったはずだ。空きっ腹をかかえての（当時は食べたくても食べるものがなかった）猛稽古の果てに、身をよじりながら胃液だけを吐いた。たまたま柔道部に属していた同寮の友人と鉢合せしたとき、彼がこっそり私にうちあけた。「今日、稽古中にMの奴、腕の骨折りよってなあ。本当なら気の毒にと思うところやろうけど、うまいことしよったという気の方が先に立ってな、なんせ、明日から大きな顔して稽古が休めるのやさかい」何の目的で、こんなに稽古しなくちゃならなんのだろう。エネルギーの補給はないし、ひたすら体力の消耗をしているだけじゃないかとつくづく思うことがあった。……中略……じゃあ何故、苦しいときには苦しいと言って休まなかったのか、そこのところが自分でも巧く説明できないのだが、ただ、ここで休むと、きっとそのことを長く後悔するだろうという確かな予感があり、自分で選んだ部の落伍者にだけはなりたくないという〝**やせがまん**〟が存在したと思う。……中略……最近、あらためてふと考えることがある。あの頃、私が体験した〝**やせがまん**〟の持つ意味を。我が国には、忍耐、辛抱などという、よく似た言葉があって、これを人生座右の銘にしたりする人もあるほどで、それはそれで結構なのであるが、私の〝**やせがまん**〟は、これとはやや違ったニュアンスを持っていたような気がする。時代背景こそ暗かったが、私の〝**やせがまん**〟には、少なくとも暗さはなかった。それは私が〝**若かった**〟ということと決して無縁ではないと思う。〝**やせがまん**〟ができる年代、時には〝**やせがまん**〟を張らねばならない年代、それが青春だと言い切りたいところなのだが、これも旧人類的思い入れということで一笑に付されてしまうのだろうか。

忘れられないユニークな授業―山岡望先生の思い出

六高生活での教師と生徒との関係は、中学時代の教える人対教えられる人といった関係から、人生の先輩と後輩といった関係に転化したものと言ってもよいでしょう。中学時代と同様に愛称・あだ名で教師を呼ぶ習慣は変わりませんが、そこには少しニュアンスの違いがありました。心から尊敬する教師には「さん」の敬称をつけて呼び、先輩として兄貴分のような親しみを感じる教師には「くん」という愛称をつけ、その他教師は評価の相違により、適当に愛称やあだ名をつけて生徒たちは呼んでいました。中学校時代の延長線上のタイプの教師には、尊敬の念を感じない「あだ名」で呼ぶのが習わしとなっていました。概して中学校時代より教師と生徒の間の人間的結びつきが強く、生徒は教師の家に出かけ、積極的な教師は生徒を家に入れて、空腹を癒しながら語り合う関係にありました。もちろんこうした関係が全くなく、公式の授業のみの触れあいで終始した教師で、生徒からは何の親しみもなく冷やかな「くん」付けで呼ばれる教師もありました。

六高生活は、寮生活、部活動と教科の三つ柱ですが、少なくとも私たちの時代は、前二者が人間形成に大きな役割を果たしたことは先輩たちの書き残したものを見ても共通しています。しかし、第三の柱である教科による知的教養の面も決して無視、軽視されてよいものではなかったと思います。ただ、生徒の知的発達にとって強力なインパクトを与えたものは、それほど多くはなかったことも事実であります。後で述べる戦後の社会転換に伴って起こった思想的変革に関わるものは別として、生徒にとって最も印象に残されたものとしては、山岡望先生の講義があげられます。

山岡先生は有機化学を担当されていましたから、その講義を聴く生徒は理科系が主でありました。しかし柔道部の部長をされており、猛稽古をする道場によく出かけられ、部員の苦闘振りを熱心に観戦されていたと聞きます。旧制高校の教師としては六高一筋で、他校からの声掛けには一切応じられなかったという六高愛精神の強い方で、理科文科を問わず全生徒から親しまれ尊敬されていました。数少ない「さん」付けの教師の最右翼の方でありました。山岡先生の講義は、〝授業は二次的な〟六高生にとって例外とも言える存在でありました。それは、一つ一つの講義にかけられる先生の真剣な態度とその内容の豊かさから来ていると言えましょう。山岡先生の有機化学の講義を聴いて化学の道を専攻したという同窓の実話は多数に及んでいます、私のようにすでに医師の道を選んでいる者でも、専門研究の分野について、医化学・生化学を選んだ者も数知れません。思い出に残っている二、三の例について記述してみたいと思います。

その一つは、有機化学の祖と言われる中の一人である、リービッヒ（Liebig）の業績と考え方を生き生きと語られたことです。熱烈な講義で今も鮮明に耳に残っています。化学の講義室に入ると、黒板の前にある特別に広く長い演壇には、リービッヒがかつて学生の講義で見せたと同じ有機合成の実験装置が並べられていました。生徒はそれを見ただけで、心が引き締まる思いでした。まるで、化学専門家の実験室か化学博物館の陳列を見ている感であります。山岡先生は淡々と実験内容を説明しながら、リービッヒが行った通り？　の実験を生徒の前で実現して見せてくれるのでした。その内容は何であったかは、残念ながら記憶していませんが、中学時代には全く経験したことのないことでした。それが、日常の授業という多くは退屈なものとされる行為の中で行われていることは、感激と言っても過言ではありません。

山岡望先生の実験指導（六高記念館所蔵）

天満屋前の下駄の音（『六稜回想』より）

また講義の内容が、単なる事実の羅列や化学記号による説明に止まらず、それらの現象を最初に発見・発明した化学者の考え方やエピソードを含めて、原典を用いて紹介しながら解説していくという、正に〝目から鱗〟式の講義でありました。有機物合成の嚆矢《こうし》とも言われるヴェーラーの尿素合成の経過と成功の喜びや、ベンゼン核の構造決定に至るケクレの夢物語―炭素六角形構造に思い当たるまでに、夢に出てくる「蛇のトグロ巻き」―などは、現在の高校授業でも語られているとのことですが、原著のドイツ語を訳しながらの説明は、若い私たちの知的情熱をそそったのは当然と言えましょう。私が今でも、医学的、社会的事象や見解について、そのオリジナルにこだわる癖があるのは、山岡先生の名講義の影響ではないかと思うことがあります。むしろ、先生はこうした事実に基づいた講義をしながら、科学的教養を生徒に培われていたのでありましょう。

以上で旧制高等学校（六高）の戦前の学生生活について、その人間形成の道程を私たちの体験を通じて振り返ってみましたが、ここで、今もって旧制高校の教育理念は何だったのか、そのルーツは何処にあったのか疑問が残されていました。最近、私は看護学校の校長を十年余り務め、教育とは何かについて考えなければならない立場にあり、旧友や専門家の意見を聴きながら学習している中で、思い当たることに出くわしました。それはジャン＝ジャック・ルソー※の教育論に共通項があることです。これをもってそのルーツとは断言できませんが、彼の教育目的について述べているところに、以下のような考えがあります。「教育とは〝人間を作る術〟にほかならなかった。あの一定の境遇に適当するようにおさえつけられ、ゆがめられた人間を作るものではなく、何よりもまず、社会によってゆがめられていない自然のままの人間＝自然人を作る術であり、社会によってゆがめられた人間＝社会人を、自然のままの人間＝自然人の地位にまで高めることを目的とするものでなければならない。」と。
※桑原武夫編『ルソー研究』岩波書店　第十三章　ルソーの教育論　三二九―三三二頁

学徒動員で軍需工場へ

一九四五年（昭和二〇年）四月から、私たち陸上競技部は、広島市中心部より約四キロメートル離れた向洋（JR広島駅から一駅東の向洋駅のある町、正確には広島県安芸郡船越町）にある日本製鋼の工場で、大砲から機関銃まで各種の弾丸作りをさせられました。本工場では現在も日本製鋼所広島製作所として、樹脂機械、マグネシウム用射出成形機（携帯電話に使われる部品を作る）などとともに、防衛機器（日本で唯一の砲を製造できる工場で、現在も機関砲、戦車砲、艦載砲などの砲のほか、ミサイル発射装置などの兵器システムを製作している）等を代表的生産品としています（出典―百科事典『Wikipedia』）。陸上競技部、器械体操部、弓道部は主に〝機銃弾〟（飛行機から機関銃で撃つ弾―直径三八ミリメートル）を造る部門に当てられました。器械体操部は旋盤、スライス盤、製品検定器などで、比較的軽い機械部門ということですが、柔道部、相撲部の猛者たちは、大砲の弾丸を作る鋳造部門という重労働部門に当てられました。

生まれて初めて旋盤を使うことを本工員に教えられ、固い物の代表と思っていた鉄材を、旋盤に取り付けられた刃金で、まるで大根の皮をむいて切り離すような作業に、目を見張りながら頑張ったものです。馴れるまでは、特に〝芯合わせ〟という回転軸がぶれないようにする作業に苦労したことを思い出します。これに慣れないと精確な円柱ができないで歪《ひずみ》のある物となり、検査部をパスせず、〝オシャカ〟という不良品になります。後日談ですが、我々が作った製品の大部分は〝オシャカ〟だったと聞きました。工場のベルトが止まる間以外は、素材の長細い鉄材を旋盤で削るという単純作業の繰り返しでした。次第に馴れてくると機械との付き合いがスムーズになり、一日何個の弾を削るかが目標に与えられるようになりました。

しかし、何れにしろ、この単純労働の繰り返しを、空腹と闘いながらすることは、心身ともに苦痛であったことは確かでしたが、それに耐えたのは何だったのか、今考えると不思議に思えることです。仕事が嫌になって脱落する仲間は一人も出なかったと思います。戦時下の統制で脱走することはとても考えられなかったのは確かですが、〝勝つまでは我慢する〟という思想ではなく、六高特有の〝忍苦精進〟の体験が身についていたためかとも推察されます。思想的には同じ性質のものとも考えられますが、当時の状況からはこれらが混沌として、大塚君の言う若さによる〝やせがまん〟で乗り越えたとも思われます。

労働者の力強さを知る

四月から終戦を迎えるまでの僅か五カ月足らずの間で経験したことは、一九歳という若き時代の体験として、私にとってはきわめて貴重なものでした。最初にあげたいことは、近代大工場で働く労働者の実態を身をもって知ったことであります。それは、学徒動員という生産労働にとっては一時的なものでありお客様的な性格は避けられませんが、生産労働という社会での最も基本的な行為の一端を垣間見たと言えましょう。最近『資本論』の再読を志し岡山県学習協主催の連続講座に出席して「第一巻第十三章　機械と大工場」を学習する機会がありましたが、マルクスの分析を理解する上で、この若い時代の体験は貴重なものとして浮かんで来ました。当時は、中産階級の家庭に育った私たちが、現場の労働者の話に耳を傾けた時、今まで与えられていた〝労働者即貧しい人〟という概念が全く違っていること、彼らは生活に根を張った力強い存在であることに気がついたことでありました。

韓国人青年労働者に接して

二つ目は、強制労働として駆り出された韓国人青年労働者に初めて接したことです。私たちは、子供の頃から〝朝鮮人〟というと劣等民族のような差別観念を植え付けられ、その意識は何ら変わらず固定していたのでした。しかし、機械を使って物を作る労働の現場では、そこで働く人々は全く同じ労働者であり、この面からは差別など全くないわけであります。むしろ、自ら望んで来たわけでもなく、強制的に軍需産業に動員され、勝手な行動は何一つ取れない点では、われわれと共通点を持ち、同じ職場で働いている人間的連帯？　すら感じられることでした。彼等は、郷里から遠く離れた異国の地に連れてこられ、日本帝国主義の侵略戦争の武器を作らされているという無力感が漂っていたように思います。休み時間に哀調に満ちた〝アリラン〟などを、我々には言葉としては全くわからない母国語で口ずさんでいた姿は忘れることは出来ません。戦後六九年を過ぎてもぎくしゃくしている日韓両国関係の親善と友好を進めるには、こうした歴史的背景を認識しない限り達成しないと、今でも自らに言い聞かせています。

動員学徒の衛生状態

三つ目は、戦時下の国民の衛生状態が、いかに酷《ひど》い状態に置かれたかを証言する体験です。戦地に直接動員されない国民―当時は銃後と呼んだ―の衣食住は、生きていく最低限度まで切り詰めて、軍の統制下に従わされました。ここで取り上げるのはそのうちの衛生面のことであります。空襲を避けて都会の学童・生徒は集団疎開を余儀なくされました。私たちのような学徒動員も、当然ながら集団生活を強いられました。工場のすぐ近くの社員寮がこれに当てられました。六高の全寮制を一年経験していた私たちは、集団生活そのものには馴れていたわけですが、そこには、学校と工場で大変な違いがありました。工場の労働に少し慣れてきた頃から、近代工業につきものの機械を休ませないシステム即ち労働者の交代勤務が始まりました。私たちは二交代制で昼勤と夜勤に分かれました。夜勤者は仕事が終わると、昼勤者の出勤したあとの寝床に、飛び跳ねる蚤を追い払いながら潜り込むという状態でありました。六高時代からシラミとの付き合いには馴れていましたが、ここでは蚤、シラミ、南京虫……とあらゆる寄生動物との共生を強いられました。私は特に、蚤に弱かったので、廊下に特別の体勢を取らないと寝られなかったのです。蚤の跳ぶ高さを上回る高さに身を横たえるため、木の枕を四カ所に置いて、その上に戸板を載せ、敷布団を敷き、蚊帳を頭から被って蚤と蚊に刺されるのを防いで寝るという始末でした。こうした状態は、集団生活では当然ありうることですが、工場からは一度も対応策が施行されませんでした。従って、慢性の睡眠不足が続いていましたが、同僚も大なり小なり同じ状態なので、特別に目立たなかったという訳です。電休日には、広島市内に居住していた叔母のところに避難方々出かけました。叔母は蓄えていた食糧を出して空腹を癒してくれましたが、後日談で私が大変な〝お土産〟—蚤シラミのこと—を置いて帰るので、後始末が大変だったようです。

私は若い頃に体験した以上のことを振り返りながら、改めて戦争という非人間的出来事に深い痛みを感ずると共に、戦争は国と国が武器をもって行う人殺し行為であると同時に、武器を持たない国民に耐えがたい犠牲をしいていたことをしみじみ感じ、これを仕組み推進した人たちに怒りを覚えるものです。一五年戦争という日本のアジア侵略戦争で犠牲となった人々は多数にのぼりますが、その中で日本の兵士は二百数十万人（厚生省資料では二百十二万二千人）が含まれています。その内訳は直接戦闘で戦死した人よりも、餓死や病死した人の方が多く、その数は百数十万人以上と言われています（藤原　彰著『餓死した英霊たち』※）。そのことを思うと、私の体験は武器を持たない一般国民の受けた被害の一端を表しているものとして、戦争に対する憎しみをそそるものです。現に、私の六高在学時代の一〇人の学生寮の同室者のうち、一人戦病死、一人は戦後間もなく腸チフスで亡くなり、一人は赤痢で病院に隔離されるといった実態でした。

※中国戦線での最後の作戦となった湘西作戦では、一九四五年四月から六月の三カ月間の死者の内訳は次の通りです。

戦死	六九五	（二二％）
戦傷死	三二二	（一〇％）
戦病死	二一八四	（六八％）
合計	三二〇一	（一〇〇％）

八月六日の広島原爆に関わる体験

被爆の生き証人として

私の原爆との出会いについては、既に『搏動』第八〇号（二〇〇五年九月）に、「原爆とわが青春時代」と題する一文を投稿し、広島に原爆が投下された前後の概要を記述させてもらいましたが、今改めて、原爆が自分史上に与えた重要な出来事であったことを再確認しています。

その第一は、原爆が私の青春だけでなく、生涯の生きざまに重大な影響を与えたということです。

このことは、その後私が歩んだ道が、医師を目指しながら社会運動へと進んでいった姿を見ていた母が、口数少ない中で「おまえがこうした道を歩んでいったのは原爆のせいだ」と言ったことが何よりの証明であります。

その二は、原爆は過去の出来事としてだけではなく、その廃絶が新たな国民的、全人類的問題になっていることは、私の口から述べる必要もないことです。私は数年前から、原爆症認定裁判の被爆者を支援する会の代表を引き受け、公判の傍聴、支援署名運動など、老骨に鞭打って参加しています。同時に医師として、未だ解明され尽くされていない放射能障害について、学習しなければならない立場にあります。

さらに、一昨年の三・一一の東日本大震災による福島原発事故の被害者からも支援を求められていま す。医学的社会的には今まで軽視ないし無視されてきた「内部被曝」の重要性が、公然と論議されることになりました。原発をめぐる社会的責任と原発ゼロにする国民的世論が高まる時代へと進展し始めています。私は改めて自己の体験を振り返り、再検討しながら、生き証人としての記録を確かなものとしていくために努力することとしました。

私たちは、学徒動員生活も三カ月余り経過し、やっと馴れた日々を送り、暑い夏を迎えることになりましたが、戦局は大本営発表とは逆で、日本は苦しい立場に追い込まれていきました。アメリカ空軍のB29（当時最も強力で性能が高いとされた）の連日の本土空襲が、首都東京を始め大都市から中都市へと拡大されてきました。最終段階では、日夜を分かたず空襲警報が発せられる事態となりました。

学徒動員先の向洋地方は、呉の軍港に近いので、アメリカのB29と日本の戦闘機（赤とんぼと呼んでいました）が空中戦を行い、日本の戦闘機が、赤子の手を捻《ひね》るように撃ち落される姿を目に見るようになってきました。〝撃ちてし止まん〟、〝日本は神の国で必ず勝つ〟という表向きの立場とは逆に、負け戦の実態を口には出さないが、実感するようにもなってきました。

岡山市も六月二九日に空襲を受けました。B29爆撃機約七〇機が落した焼夷弾約十万発で、約二時間で旧市街は全く焼け野が原になったことが知らされました。せっかく再建した六高の校舎も寮も全焼し、私の生家も全焼し、郊外の本籍地（現在の居住地）へ家族全員（祖父母、母、姉二人、疎開してきた甥）が焼夷弾の雨を縫って命からがら避難しました。もちろん家財道具は一切消失しました。岡山空襲による被害は『岡山市史』によると、死亡者一、七三七人（人口比一・一％）、負傷者六、〇二六人（同三・七％）、焼けた戸数二五、〇三二戸（六四・一％）、焼失面積七六九平方キロメートル（七八％）と記録されています。

しかし、特別の理由がない限り家に帰ることは許されませんでした。一度は家族の状態が知りたいとの思いで、猛暑の中、前々日から徹夜残業を続けて漸《よう》く《や》外泊許可をもらい、八月五日に岡山に向かいました。夜遅く帰宅し岡山空襲後初めて家族に会いました。皆無事であることを確認し、八月六日の早朝暗い内に広島へと出発しました。当時のことを思い出した姉は「正にトンボ帰りで、一言も話は出来なかった」と言っていました。

広島県産業奨励館（爆心地から北西150m）
手前は西蓮寺墓地　1945年10月上旬（撮影：三木　茂）
『原爆災害』（広島市・長崎市原爆災害誌編集委員会編　岩波現代文庫）より

岡山空襲（1945年6月）。岡山県庁付近から西方向をみる
（「岡山戦災の記録と写真展」HPより）

八月六日の広島に……「生き地獄」を体験

約一里半（約六㎞）と言われていた道を歩いて岡山駅に向かいました。東山の峠を越し、僅かに残った数少ない県庁や銀行の鉄筋コンクリートの建物以外は、全くの灰塊となった市街地を、異常な緊張感を持って歩きました。ようやく岡山駅にたどり着きましたが、そこには驚くべき事態が待っていました。「広島に大型爆弾―〝殺人光線〟とも言われた―が落とされ、列車は不通で全く見通しは立たない」ということでした。厳しい戦時統制の下では、動員解除命令が出ない以上はすごすご家に引き返すこともできず、全く途方にくれ、正に頭は真っ白、目の前は真っ暗になりました。しかし、明日の日がどうなることかわからない日々を送っていたためか、腹を据えて駅構内に荷物を枕にしてねっ転がって列車の開通を待つことにしました。何時間待ったことか覚えていませんが、昼前になりやっと乗車できることになりました。しかし、車内は現在経験しているラッシュとは比較にならない混乱と、当時はもちろん冷房などなく、サウナの中での人間の漬物といった状態で数時間を辛抱し、漸《ようや》く向洋駅に着きました。

駅から工場の寄宿舎へと進む中で驚いたことは、広島から約四㎞離れた国道二号線を、隙間なしに血に染まった包帯をした怪我人が担架を運ぶという被爆者の大行進を目にしたことです。「これは大変だ。並の空爆ではない」と直感でわかりました。工場の寄宿舎に着いて更に驚いたことは、広島市内から四㎞離れたところに位置している寄宿舎の窓ガラスが、全部跡形もなく吹き飛ばされていることでした。私たちが生活していた寄宿舎は二階建てでしたが、一階は被爆者の収容所にされ、二階の部屋に今までの二倍の学生が重なり合って体を休めるという状態となっていました。夜は一階から「苦しい！　水をくれ！」といった悲痛なうめき声が繰り返し聞こえてきました。〝生き地獄〟とはこういう状態を言うのだ、と忘れることはできない様相でした。

さて学友の状態はどうであったか。三名の学友が直接被爆で帰らぬ人となりました。そのうちの一人（三浦君―弓道部）は遺体すら見つからず、学友の懸命の捜索で、彼の学生服に着けられていた金ボタンが被爆したと想定される叔父さんの家の焼け跡から発見され、悲しい死の確認とせざるを得ないという予想もできない悲劇で終わりました。また他の一人藤沢君は陸上競技部の仲間で、私とは運動場のトラックを一緒に走っていた旧友でしたが、当日朝早くから広島に食べ物を求めて出かけ、直爆を受けました。その後四㎞の道のりをいわゆる被爆者スタイル（襤褸《ぼろ》を纏《まと》った黒こげ人間）で歩いて寄宿舎にたどり着き、「水くれ！」と訴えましたが、同室の友人でもすぐさまには当人であることがわからなかったとのことでした。時ならず悲しい別れとなりました。私も、八月五日から六日まで岡山に帰っていなかったら、三人の学友と同じ運命をたどっていた可能性が高いので他人事とは思われません。それは、すでに記述したように、毎夜蚊と蚤に攻められる睡眠不足から逃れるために、広島市内（国泰寺町）に住んでいた叔母の家に出かけて直爆を受けた可能性が十分あるのです。三人目も陸上競技部の仲間で、山本君という短距離専門で優秀な記録の持ち主であり、学業成績もクラスのトップグループにいた秀才でした。残念ながら彼の被爆死の経過は、私の記録には残っていません。

遺体を運び火葬する

被爆後の私たちのおかれた状態と動きについて、思い出すままに記述しておきます。被爆の日が定期電休日で工場の労働者とその家族はほとんどが被爆しましたので、残されたのは一部の工場管理者と学徒動員の六高生と強制労働で連れてこられた朝鮮人労働者だけという状況になりました。従って、工場の管理(一時期はB29が飛んでいた)、従業員と家族の救済、学友の捜索、一般市民の救護等々の役割が私たち六高生に課せられました。連日の猛暑の中を役割分担して頑張りました。ビキニ事件以後全国に広がった原水禁運動の重要な部分である平和行進に参加するたびに、当時の焼き尽くすような猛暑の中の活動が思い出されます。

私は遺体を裏山に運び、〝特設火葬場〟で数少ない親族とともに淋しい、悲しいお別れの火葬をする役割をしました。寄宿舎の近くにあった職員食堂は、急遽葬儀場に作り変えられ、朝から僧侶が休みなくお経を唱えていました。節々で関係者が大声で「六高さん!」と叫ぶと、私たちが二、三人組で出かけ、遺体を棺におさめて裏山に登るという、平時では想像されない様相でした。この悲劇的体験は、今でも脳裏に焼き付いています。

死骸と負傷者の大地

もう一つの体験は、爆心地近くへの救護班への参加です。今から考えると爆心地からの距離を知っておけばよかったと残念に思いますが、当時はそんなことは全く考えられず、ただひたすら被爆者救護の一点に身も心も集中していました。それが学校だったか公的施設であったか全く記憶になく、また確かめようとする意識もなかったのですが、そこには多くの被爆者が収容されており、医者になることは忘れてはいないが、救護班として何をすればいいのかわからず、また何をせよとの適切な命令もなく、茫然と立ちすくんでいたという記憶のみが残っています。あらゆる傷には少量の赤チン（消毒液マーキュロクロム液）を塗り、火傷の皮膚には食用油を塗るという作業で、傷口にはウジ虫（蠅の幼虫）がわいて、異様な臭いと雰囲気に包まれていました。また国道の側には、四肢を硬直させた馬の死体が横たわっているのも見かけました。そこは戦場ならざる死骸と負傷者の大地といった印象が残っています。

爆心地から四㎞内に

八月六日の広島原爆投下より終戦を迎える八月一五日まで、僅か一週間余りの短い期間の体験が、生涯二度と繰り返さない体験だったためか、私の記憶には長く感じていました。それの一つ一つは、原爆についての知識が全くないものの断片的な記憶の寄せ集めとして記憶に残っているに過ぎませんが、今から振り返ってみると、きわめて貴重な体験でした。被爆の状況や放射線傷害の内容が、その後の研究や追跡調査で明らかになったため、再認識することも多くあります。そのうちの二、三について記述しておきたいと思います。

その一つは、被爆範囲のことです。原爆症裁判の論戦の中で明らかにされたことですが、爆心地からコンパスを用いた同心円を描く単純な方法は、被爆の実態を正確に反映しない弱点があることが名古屋大学名誉教授沢田昭二氏らの詳しい調査で明らかにされました。すなわち、爆心地からの距離が同じでも、周辺の建築物などの遮蔽物の存在により、被曝量が異なってくることであります。また、降下性の放射性物質いわゆる「黒い雨」の降った範囲の問題です。これは、当時の唯一の証拠となった住民の被爆急性症状（下痢や脱毛など）を基礎とした調査で明らかにされました。被爆後十分に経過した二〇〇八年の広島市の調査ですら、それまでアメリカ占領軍管理の下で行われ今でも政府が悪用している被爆基準よりも大幅に広く、爆心地から四km以上に広がっていることです。これによると、私たち六高生がいた向洋地域も、被爆範囲内に入っていることになっています。

自身も被爆者に

二つ目は、内部被曝の問題であります。放射線の種類では主にγ《ガンマ》線は身体を透過しますが、α《アルファ》線、β《ベータ》線など内部被曝として人体に少量でも長く影響を与えるものは、後期障害すなわち癌などの発病原因となることです。これは、福島原発事故の影響として、飲み水、海水と魚介類、空中の塵、野菜、牛乳、肉類などを通じて人体に影響を及ぼし、特に放射線に対して感受性の高い小児に対する影響で、子供を育てる母親の深刻な悩みとなり大きな社会問題となっています。

これらのことを考えると、私たち学徒動員で向洋周辺にいた者は、大なり小なり被爆者であったと言っても間違いはないと思われます。原爆投下後の私たちの生活を振り返る時、心に当たる幾つかの出来事があります。すでに述べたように、私たちが生活していた寄宿舎の半分は被爆者の収容所であり、被爆者と同居していたと言ってもよい状態で、学友はほとんど下痢をしていました。トイレは、現在のような水洗ではなく、排泄物を処理する人もなく、この下痢便の小山が築かれ、悪臭と不潔感に満ちていました。私たちは被爆者の救援や遺体処理などに大奮闘しましたが、工場管理者からは特別に大事にされ、それまで口に出来なかった白米の御飯（〝銀飯〟と言っていた）を腹一杯食べさせてくれました。そのための下痢とばかり思い込んでいました。また、終戦後の一時期は、わずかではありますが脱毛が見られたことを覚えています。これは原爆の影響ではないかという不安をこめて確認しましたが、これも当時は猛暑の中の過労と栄養失調の結果と思っていました。

終戦を迎えて

広島原爆投下後の約一週間、八月一三日か一四日か記憶は確かではありませんが、向洋の日本製鋼所に動員中の六高生全員が一堂に集められ、監督教官山内先生（数学担当）から、言葉少なく「動員が解除されたので直ちに帰省し、追って学校より通知があるまで家に待機せよ」と指示されました。この時は、事態の内容には全く触れられず、戦争に負けたなど一言も語られませんでしたが、それまでの私たちの体験と教師の態度から、来るものが来たといった受け止めでした。生徒はそれぞれ直ちに帰省の準備にかかりました。皆ほとんど無口で、ただひたすら帰省が無事達成できるかどうかの心配に心は集中していました。同僚たちと別れの言葉を交わすこともほとんどなく、この間何を語ったかは全く記憶に残っていません。

玉音放送を聞く

向洋駅では、今までに見られない大混雑で、まともに乗車することは出来ませんでした。実家が岡山である私たちは、とにもかくにも列車に乗り込めば何とかなるだろうという一念で、貨物車も超満員なので石炭車に乗り込みました。たびたび遭遇するトンネルの通過時は、手持ちのタオルで頬かむりをし、煙に捲かれるのに耐えました。列車は当然のこと、平時のように走るわけもなく、止まったり動いたりの繰り返しで、漸く岡山駅に到着した時はすでに日は落ちていました。岡山駅頭に立った時、薄暗い中で全焼した岡山市街地の向こうに操山が目の先に見えたことは記憶に残っています。父親が残した頑丈《がんじょう》で重たい革のトランクと柳行李を担いで、東山峠を含めて約六㎞を途中何回ともなく休みながらわが家に辿りつきました。今から考えると、よくもあの重い荷物をもって歩いて帰ったと不思議に思います。〝火事場の馬鹿力〟とはこういうことかな、と思い出しています。やっと家族一人一人の顔をまともに見、言葉を交わすことが出来ました。

翌日、ラジオから流れる終戦(敗戦)を伝えた昭和天皇の〝玉音〟は聴いたものの、あの独特の口調の「耐えがたきに耐え、忍びがたきを忍び……」の一節のみが私の耳には残っています。家族全員これに対して何一つ口にしなかったことも忘れません。〝日本は神の国、必ず勝つ〟と教え込まれて大きくなった私たち当時の青年にとって、このことがあまりにも脆《もろ》い砂上の楼閣であったことが、現実をもって知らされました。当時は、軍の上層部の一部の人は別として、一般国民は空襲警報に追い立てられ、防空壕に逃げまくる日々の生活から解放されましたが、なぜ負けたのかなどを考える余裕などありませんでした。明日の日の食べ物をいかにして手に入れるかを考えるのが全てでありました。わが家も例外でなく、空腹を癒すための三食を求めることに心を砕きました。

飢えをしのぐ

空襲で避難して本籍地（岡山市中区倉富）に帰ってきた松岡一家は、一時空家にしていた間に留守番を兼ねて近くの小学校長さん一家に居住を提供していたため、母屋で寝起きし、校長一家は元の診察室で生活するという窮屈な状態に耐えねばなりませんでした。住居は何とか確保されていましたが、食糧不足は最も深刻なものでした。家の周りはすべて稲田で、農家は米の飯をたべていましたが、疎開者や避難者は、生きていく最低以下の配給物も終戦直後は与えられていませんでした。そのため口に入れられるものは、毒草以外は皆食べていたと言っても過言ではない状況でした。例えば、サツマイモの葉の茎の部分の皮をむきお粥に入れる。カボチャは主食の代わりの筆頭で、顔や手のひらが黄色くなっていました。蛋白源として稲にたかっているイナゴを集めてフライパンで焦がして食べる。近所の農家から少しばかり分けてもらう小麦を粉にしてダンゴを作り、米粒が泳いでいるような粥？の中にいれて食べるのは高級品でした。家族の中では、神戸に嫁に行っていた上の姉が男の子を連れて疎開してきていましたので、先ずはこの子に食べられそうなものを与え、残りをみんなで分けて食べるという状態でした。母親は皆が残した残飯を我慢して食べていたようです。

祖父との別れ

祖父は、私が未だ幼く街で生活していた頃から腸の具合が悪く、「わしが死んだら解剖してもらって原因を調べてほしい」とよく漏らしていました。従って、上述したような終戦直後の食糧事情には、とても耐えきれませんでした。私たちは何とかしたいと思っても、まともに重湯《おもゆ》もお粥も口にさせてあげることは出来ませんでした。父の早死にのため、私たち同胞を育て支えてくれた祖父のために何も出来なかったという辛い思いは、今も脳裏から離れません。終戦から約一カ月後、通学可能なものは登校せよ、臨時講義をする、との学校からの連絡がありました。徒歩で登校することになって間もなく、祖父は静かにこの世を去りました。

祖父松岡久太郎　1867(慶応3)年生まれ
岡山県医学校(岡大医学部の前身)
第5期生　上道郡操陽村倉富
(筆者現住所-岡山市中区倉富)にて開業1945
(昭和20)年9月没

祖父の最期の一言

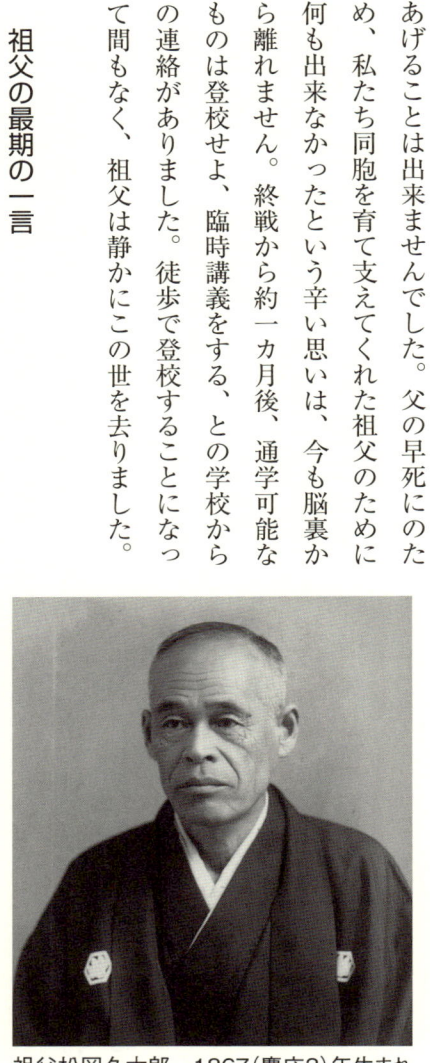

今日は場合によっては危ないかも知れぬ、と不安を持って帰宅したところ、祖父の状態が最期を迎えていることが知らされました。枕元に家族全員が集まり、祖父の死を静かに見守っていました。私が、わずかの水を口に持っていきましたが、祖父はすでに飲む力もなく目も見えていない様子でしたが、微《かす》かな声で「健、元気でやれよ」と最期の言葉を発し永遠の別れを告げました。わが家からはそれほど遠く離れていない所に祖父の甥に当たる医師がいましたが、何の手当ても出来ない状態で見送ることになりました。現在では、延命のための医療技術が進歩し、本人や家族の意思を無視して必要以上に対応することに反省の時期を迎え、「尊厳死」、「平穏死」が語られていますが、祖父の場合は、特別の社会状況でなすべきことも出来ないという悲しい状況でありました。しかし、本人は最期の瞬間に、言うべきことを語って息を引き取ったという、私にとっては正に教訓的な体験でありました。私は生れて半年で父親の死に遭って以来、仏教的儀式でいう喪主は、祖父母、父母、妻と五回も務めましたが、最期の別れで一番印象に残っているのは祖父の場合であります。

私にとっては、この歴史的瞬間から松岡家の名実共の大黒柱として生きていかねばならない立場に置かれました。私は当時まだ満二〇歳に達しない社会経験を持たない若者でした。女性の社会的地位の低かった旧憲法・民法下では止むを得ないことではありましたが、その責任の重さを双肩にずっしり感じたことは間違いありません。もちろん母親と親族の支えがあったからこそ一家の生きる道が開かれたことは当然であります。衣食住全てにわたって大変困難を抱えた当時でしたから、辛い思い出は数々ありますが、心に焼き付いている思い出を記述しておきたいと思います。

祖父の葬儀の有り様です。すべて部落の方々のお世話になる習慣でしたが、母がその裏方を務めていました。やっとの思いで探し出して準備されたお棺も、最期のお別れの〝釘打ち〟となると、街の焼け跡から拾ってきた焼け釘を、焼けて曲がった金槌で打つので、折れ曲がり、まともに棺の蓋が固定出来なくて困りました。やっと仕上がったところ、死亡診断書が届けられていないことがわかり、葬儀が一時中断するというハプニングが起こったことは笑えない出来事でした。わが家の親戚もほとんど空襲の被災者で、郊外のわが家にまで足を延ばしてくれる者はごくわずかで、参加者はほとんど部落の人々でした。

米作りへの道

「買い出し」の苦労

終戦後の一時期は、日々の食糧の確保が最優先の課題でありましたが、同時にこれを手に入れる手段としての金銭については、貨幣価値が転落し、極端に言えば紙幣の値打ちはゼロに等しくなっていました。物を手に入れるのは原始時代のように物々交換で、その基本的なものは米一升ないし一合で測られるという状態でした。米を持たない私たちは、戦災者に与えられた軍服の払い下げや毛布、軍靴などと、倉にわずか残された古着を持って、米や麦や芋と交換するというのが実態でした。

忘れ得ない思い出を一つ記録しておきます。母と共に児島地方のサツマイモの産地へ〝買い出し〟

に出かけました。当時はまだ食糧統制下で、サツマイモも主食代わりに扱われていましたので、農家の人たちもまともな対応をしてくれませんでした。いわゆる〝くず芋〟を適当に持って帰れということで、リュックに入るだけ詰め込み担いで帰りました。さて船が京橋に辿り着いたところ、そこには〝経済警察〟と呼んでいたポリスが待っていました。交番所に連れて行かれリュックの中を点検されました。米麦でなく〝くず芋〟ばかりだったので、「持って帰れ！」と吐き捨てるように言われ、まるで乞食か盗人扱いされた辛い思い出が残っています。

米作りの決意

こうした中で、誰に教えられ勧められたわけでもなく、母と私は米を自分たちで作ることを決意しました。祖母の実家の「ゲン小父さん」が時々助けにきてくれており、彼は女学校の教師で農業を専門にしていましたので、何となく心の支えになっていたようにも思われます。戦後、占領軍の支配下で農地改革が行われ自作農創設が進行しましたが、在村地主には一定の枠内の土地所有が認められていましたので、わが家は家の周辺にわずかの所有地が残されていました。差し当たり家の前の田の小作人であった比較的豊かな農家のN爺さんのところへ行き母と二人で頼み込み、米を作らせてくれと懇願しました。N爺さんは私たちの切迫した食生活のことを理解してくれましたが、〝稲を作って命を落さんようにされよ〟と、一種の皮肉めいた言葉を残して了解してくれました。その時は、その言葉の重みはそれほど感じなかったのですが、実際に農作業を始めてみてその重みはずっしり感じられることになりました。後で思うのですが、N爺さんは代々医業で生活してきたわが家が、農業労働が出来るはずはない、どうせ一年でケツをわるに違いないと読んでいたのでしょう。

麦作りを始める

十一月に入り稲刈りが終わった後、いよいよ麦作りが始まりました。当時は、わが家の近くの農家はほとんど二毛作（米と麦）をしており、裏作の麦から私たちの農作業が始まったわけです。何も知らない強みで、「ゲン小父さん」に教えられるままに、平鍬と四つ目鍬だけで麦作りを始めました。普通の農家はほとんど家に牛や馬を飼っていて、それを動力源として耕作していましたが、わが家には当然出来ることではなく、近所の方に頼み込んで牛の力で大筋の鍬入れをしてもらい、後は家族三人（母、下の姉、私）の手作業となりました。手にマメを作りながら、暇さえあれば田圃に出て鍬をふる日々を過ごしました。種を蒔いて芽が出た時は、今まで体験したことのない感激を味わいました。しかし、この喜びを味わうのは、僅かの時間しか許されませんでした。次に来る二つの大きな障害を突破しなければならなかったのです。種さえ蒔いておけば自然に実がなるような安易な考えは、一瞬にして瓦解しました。

草との闘いと肥料不足の壁

その一つは草との長期の闘いであり、二つ目は肥料不足の壁でありました。草との闘いは、正に手と足を使う根気強い肉体労働と気力しかありませんでした。寒風に曝《さら》されながら、鍬をふり手を使って除草をしたことが思い出されます。それも、一つ畝の端から除草して末端に達した頃には、すでに後から生えた草に追われるといった〝終わりなき闘い〟でありました。更に困難を極めたのは、肥料を手に入れることでした。せっかく芽を出し伸びていく麦も、肥料不足で大きくならず次第に黄色になっていく姿は、周囲の青々した麦畑と比較され、情けなくて畔道が歩けなくなる有様でした。

当時は農家の人は、街に下肥（家庭の便所にある排泄物）を手押し車（リヤカーと呼んでいた）で収集し、野壺に貯蔵して変化させ、これを薄めて散布していました。こんなことはとても私たちに出来るわけがありません。それでも道具さえあれば街に出かけようかと思いこんだこともあります。空襲は受けましたが何とか街で産婦人科医を開業していた伯父をある日訪ねた時、「お前らは何が一番ほしいか?」と聞かれ、即座に「下肥です」と答え、「それなら幾らでもあるから郵便で送ってやる」と笑い話になったことが思い出されます。田舎の道を歩いている時、あふれ出るような野壺の下肥を見ると、心底から羨ましく思ったものです。

ところが、後日近所の農家の方から聞いたことでは、当時すでに化学肥料が使われており、それは統制経済下のため「闇ルート」で手に入れていたとのことで、簡単には手に入らなかったわけです。そのことを知った後には、わが家も入手ルートを探し硫安（硫酸アンモニュウム）を入手して使用しました。こうした経過から、収獲時のわが家の麦畑は、麦と草が共生し、獲れた小麦の実は小さく鶏の餌と言われる存在でした。食糧不足を克服する目的の農業?　が、収獲物はほとんど口に入る物が出来ないという残念な結果になりました。しかし、この半年の経験は私たちに多くの教訓を与えてくれました。それを簡潔に整理してみると以下のようになります。

第一に、農業労働とはいかなるものかを学んだことであります。まず土との闘いであり、土作りが最も重要な作業であること、すなわち植物は肥料を与え、除草して育てるものであることでありました。第二は、これを有効に進めるには、道具が必要であり、これを操作する動力と人力（体力と知力）が必要であること。第三には、そのためには農業経験者の知恵と技術から学ばねばならないことでした。経験もない、道具もない、体力も知力もない、無い無いづくしの私たちが、いかに非力かということを知らされた半年でした。しかし、私はこの間の苦しい体験から、今まで味わったことのない労働の喜びの一端を感じることができ微《かす》かに明るい展望が見えてきました。

半年の麦作りの苦い経験を乗り越えて、いよいよ春から本格的に米作りへと足を運ぶことになりました。米作りに取り組むにいたっては、この間に得た教訓から、長く日々農業とともに生きてきた農民を教師として、謙虚な姿勢で一から学ぶことを前提として取り組みました。麦刈後の水田作り―種まき―苗代作り、そして本番の田植えへと、一つ一つを隣所の農家の小母さん、小父さんに聞いて作業しました。こちらの態度が変わったことにより、隣人の農家の人たちは、心から親切に教えてくれました。無事田植えが終わった時は、その間の苦労は忘れ、〝やったー〟という達成感に浸されたことは今も忘れることは出来ません。

母の行動力が家族を救う

農業には農繁期、農閑期という言葉がありますが、集約農業の日本の農民には、本当の意味での休みはありません。まして、素人百姓の私たちには次々と新たな困難が待ち受けており、これを乗り越えるための苦労がありました。田植えの後に迫ってくる水の補給―除草作業―追肥と全く休む暇などありません。その上わが家には、用水を汲み入れる道具（発動機）はもちろんのこと、足で踏む水車もなく、特別の手押し除草機を求めてあちこち探し回らなければなりませんでした。〝窮すれば通ず〟の古いことわざ通り何とか乗り越えることが出来ました。生まれて初めての農業労働―真夏の水田での除草機手押し作業や、水車の足踏み、水田を這いまくり手でする除草や水田への下肥の散布など、今から考えるとよくもやったものだと思う数々の体験でありました。

無事、稲穂が実り黄金の波が打ち出した時の人には言えない喜びも忘れることは出来ません。幸いなことに、台風被害もなく、玄人の農民の七割程度の米の収穫を得ることが出来ました。生まれて初めて、自らの手で作り出した米を手にして新たな感激を味わったと同時に、これをどのようにして加工して保存するかという新たな難題に立ち向かわねばなりませんでした。収穫した籾は玄関の土間に保管し、自らの手で織りだした筵で天日乾燥させ、脱穀した玄米は旧診察室にゴザを敷いて保管し、最終的には米虫から防御するため、あちこち探し回って手に入れたブリキ缶に入れて貯蔵しました。

米を作るという農作業が、このような複雑な過程を歩まねばならないなど、夢にも思ったことがなかった私にとっては、大変な肉体的負担を克服しなければなりませんでしたが、何か新しい人生の生きざまを感じる新鮮味も味わっていました。同時に、生きるために通らねばならなかった道で後には引けないことでしたが、この次々と立ち塞がる壁を乗り越えた歩みには母の力があったことが、しみじみと思い出されます。母方の祖母は比較的若くして子宮癌でこの世を去っていましたが、母は農家の生まれで、農民の持つ粘り強く逞しい血が流れていたとも考えられます。二七歳で夫を失い未亡人となって三人の子供を育て上げた母の人生経験が、次々と現れる困難に対して一度も悲観や傍観的な言辞を何一つ出さなかったことに繋がっていたとも考えられます。言葉では何一つ教えられていませんが、母の行動は私の人間形成と以後の歩みに大きな影響を与えていたことは確実であります。

農村青年との出会い

農民の生活実態を知る

終戦後約一年半の農村での生活は、私の人生にとって掛け替えのない貴重な経験でありましたが、農村青年との出会いは特別の意味を持っていたと考えられます。男手のないわが家では、部落との付き合いは私の役割になっていました。各種の会合、川掃除、火の用心の夜警、部落内の葬儀、春秋の祭りなどなど部落の人と接する機会が多くありましたが、戦後の世相も影響して二〇歳前後の青年が積極的に役割を果たしていました。特に西隣の元村長の息子さんは、東大法科を卒業して徴兵にとられ、復員して農業に専念していた人で、各方面でリーダーシップを発揮しておりました。行事の後では酒の席を設け、歌ったり、遅くまで語り合ったりしました。私は街で生まれ育った関係で子供からの友人はない、いわばよそもの的存在でしたが、私自身が仲間入りしたいという気持ちがあったので、胸襟を開いた付き合いが次第に出来るようになりました。ちょっとしたエピソードを紹介しておきます。

忘年会の席だったと記憶していますが、皆で十八番の演歌や流行歌を歌う中で、六高の寮歌を歌えという注文が出て、その場にマッチしないので困った末、先輩から教えられたあまり下品でないストトン節の猥歌※を大声で歌ったところ、ひどく受けてその後もたびたびリクエストされたことがあります。しかし、このことがざっくばらんな話し合いが出来るきっかけにもなりました。

※ガチャガチャ、ガチャガチャ、ガチャガチャ、音がする、父ちゃん今のは何の音、今のは地震の揺れる音、坊やは良い子だねんねしな　ストトン　ストトン

ガチャガチャ、ガチャガチャ、ガチャガチャ、音がする、母ちゃん今のは何の音、今のは地震の揺れもどし、坊やは良い子だねんねしな　ストトン　ストトン

翌朝ごはんを食べる時、父ちゃんの顔見りゃありゃおかし、母ちゃんの顔見りゃありゃおかし、地震がごはんを食べている　ストトン　ストトン

これらの行動を通じて、今まで全く知らなかった農民の生活実態を知り、農民のものの見方、考え方や感情などの一端を知ることが出来ました。戦後行われた農地改革※の進行の入口ではありましたが、農民にはすでに一種の解放感が生まれて来ていたことを実感することができました。同時に、この階級こそ社会の土台を支えていることを、私に認識させる機会を与えてくれたと思います。

※「農地改革」は、アメリカ占領軍管理のもと、一九四六年（昭和二一年）一〇月二一日公布の「自作農創設特別措置法」、「農地調整法改正」で実現しました。これにより、不在地主の農地はすべて国により小作人に渡され、在村地主の保有面積は一町歩までとされました。わが家は終戦前に原籍地に帰っていたので、多くはなかったが残されました。

戦後の学校生活の変遷

六高の授業再開

私たちの世代の高校生活は、昭和一九年四月入学より一年間の学校での学生生活から、二年目の半年足らずの学徒動員による軍需工場での労働を経て終戦を迎え、一時短縮された二年制が三年制に復活するという、想像を絶する変遷の学生生活でありました。理科甲から乙へ、理科から文科へといった専門科の選択の自由も与えられました。それは戦時から平時への社会的転換が主たる理由であったと推測されます。しかも終戦直後は、衣食住を確保することが第一義的生活目標だったため、以後の学業スケジュールは正に変則中の変則でした。

動員が解除されて約一カ月後に、空襲で焼け残った柔道場と弓道場、学校近くの酸素工場で、通学可能な学生のみを対象にして授業が開始されました。十二月から、倉敷市の倉敷工業万寿工場で始業式が行われ、同工場のほか倉敷紡績や元広島陸軍被服廠の一部を借りて正式の授業が再開されました。

その後、学校当局と全学生の努力で新校舎が建築され、翌昭和二二年一月より岡山市国富（現在の中区国富）の校舎で授業が行われるようになりました。

戦前、戦中に行われていた伝統的な全寮制、皆部制を全面的に復活することは当然不可能でしたが、部活動はそれなりに継承されました。しかし、そこには大きな変化がありました。軍国主義教育の一環ともいえる戦場運動班、射撃班、滑走班、銃剣道部などは廃止され、敵国のスポーツとして排除されていた野球部や女性的として中止されていたテニス、バレーボール、卓球などが復活しました。私の所属していた陸上競技部でも、戦時中は槍投げを手榴弾投げに変更されていましたが、当然のことながら復活されました。昭和二一年七月に新入生を迎えるとともに、新入部員を含めた部活動が始まりま

唯一残された六高卒業時の理科乙類二組のクラス写真
戦後再建された木造教室前にて、筆者は二列目右より四番目

した。この年の新入生には、戦時中陸海軍に従軍していた復員組が多く含まれていましたから、私たちよりも年上の新入部員も多く、部活動にも従来と違った雰囲気を醸していました。しかし、「忍苦精進」という部活動の指導理念は変わらず、厳しい練習が継承されていました。食べるものも満足に食べないで、よくも練習をしたものです。

インターハイ五〇〇〇メートルで優勝

部活動の終結点は夏のインターハイであることには変わりありませんでした。戦後復活したインターハイは全国を四地区に分散して行われました。戦禍を受けていない京都の京大農学部グラウンドで、私は八〇〇メートル、一五〇〇メートル、五〇〇〇メートルの三種目競走に出場しました。前二者は賞を得るような成績ではありませんでしたが、五〇〇〇メートルでは五〇〇メートルのトラックを最初から全力疾走し、遂に二位と大差をつけて優勝するという快挙を達成しました。記録は、一七分三三秒ということで、『第六高等学校校友会部史』に記録されています。

後にこれを聞いた亡妻が、「これは今の高校生の標準記録と大差はない」と冷やかしたものです。しかし、当時はまだ三度の食事に米飯を与えられた者はごく一部だった頃の成績としては立派なものだと反論したものです。応援に来ていた先輩たちは、まさか私が全力疾走で最後まで走り、優勝するなど予想もしていなかったらしく、競技の途中で急遽部旗を準備させたという笑えない話を後で聞かされました。しかし、私自身は結構自信を持って走ったことを覚えています。

このような一幕もありました。五〇〇メートルのトラックの最終回に入った時、通常は審判員が「あと一周」と大声で走者に伝えるものですが、先頭と最後尾とが一周以上離れた混戦状態だったためか、トップを走っている私には声がかかりません。無視されては困るとの咄嗟の判断で、「あと一周」と自分で大声で叫んで最後の一周を走り抜いたことを記憶しています。昭和一七年度のインターハイでは、フィールドと総合で二本の優勝旗を担いで帰ったという伝統を持つ陸上競技部ですが、戦後の困難な条件の中で、唯一の種目優勝を勝ち取ったことは、せめてもの慰めになったようです。私自身としては、中学時代に国体選手に抜擢されながら、出場できなかった残念さを晴らした快挙となりました。

新しい時代の新鮮な講義

さて、戦後の授業を通じての教育は、どのような変化を示したかについて、まとまった記述や踏み込んだ考察は残念ながらどこにも出来ていないのが実態ですが、私の記憶に残っている二、三の思い出を記録しておきます。終戦直後の一時期は、生徒も教師も食を漁ることに日々必死でしたが、同時に以後の生きざまについて考えざるを得なかったのも確かでした。戦時中の軍事教練はもちろん直ちに廃止され、軍事教官は見る影もない姿で、下を向いて歩いておられたことが印象に残っています。それだけではなく、全国的に各校で教師の戦争犯罪の追及がされました。六高では唯一金平先生の著書がやり玉にあげられただけでありました。忘れられないのは、戦時中うつむき加減であった英語の教師の表情が明るくなったことであります。カリキュラムは新たに構成されたようですが、補講の連続といったのが実態でありました。新しい時代を迎えて、私の記憶に鮮明に残っている講義としては、哲学担当の近藤先生のデユーイのプラグマチズムの講義と西洋史の大野先生の講義でありました。この二人の先生の講義は、これまでの講義の流れに比べて特に新鮮なものとしての響きがあり、これからの社会生活を追求していく上で教えられるものがあったと思います。

近藤先生のデユーイのプラグマチズムは、今までは「学問は真理を探究するためのもの」であり、それ以外の何物でもないという考えから、「学問も生活の要求、必要性に答えるために行う人間の精神活動だ」という新しい思想展開でありました。従来のカントや西田哲学とは大きな相違を感じたものでした。

大野先生の近代ヨーロッパを舞台とする市民革命の概説は、戦時中は教えられないあるいは危険思想として排除されていた歴史観の一端を教えられ、今まで見えていなかったものが、漠然とはしていましたが、これからの社会の進むべき道筋として教えられたように思えます。

南海大地震の被害に遭う

M八・〇の大地震

波乱の多い高校生活もいよいよ終焉を迎える頃、私にとっては予想もしない災難が降りかかって来ました。普通なら最終学年末を迎えて、将来の進路に胸をふくらまし大学受験の準備をする時期でありながら、私にとっては特別の苦難が重なりました。昭和二一年（一九四六年）一二月二一日午前四時一九分四秒、和歌山県潮岬南西沖七八㎞を震源としてM八・〇の南海大地震が発生しました。三百年余前の干拓地であるわが家にも相当な被害を及ぼし、またしても経験したことのない災難を乗り越えねばならなくなりました。この地震の規模は、二〇一一年の東日本大震災のような大津波を伴う大地震とそれに伴う福島原発事故という大災害には及びませんが、戦前の関東大震災に次ぐもので、死者の数は一、三三〇名を数え、当時としては知らない人はいない災害でした。当時の状況について、記憶に残っているものを記述しておきます。それは今後の地震対応に少しでも役に立つかもしれないとの思いとともに、私とわが家にとっては忘れえない出来事の一つであるからです。

大きな揺れで庭に飛び出す

当日は最終学年の二学期の終わりで、すでに卒業試験の時期に入っており、生物学の試験の前日に当たっていました。この学科は特別印象に残るものもなく、学習意欲もあまり燃えてこないので、親友の大塚昭信君（四五頁参照）と二人で、山賭け型の勉強をわが家に彼を泊めてすることにしました。彼も私と同程度の意欲でしたので、時々人生論的な〝ダベリ〟をしながら学習を進めていました。夜半になり、幾らか残りはあったものの少々疲れも出てきたこともあり、満点は取らなくても何とかパスすればよいと二人で同意して寝ることにしました。

寝入って幾らか時間が経過した頃、突然大きな震動が来て、家全体が大揺れを始めました。座敷に寝ていた私たちは電燈が大きく揺れ危険を感じて縁側に出ましたが、その揺れのひどさで立ってはおれず、庭に飛び出して松の木にしがみついていました。母屋と倉の屋根瓦が音を立てて落下してきました。門屋がいとも簡単にバサという音とともに玄関側に倒れたことを覚えています。震度や揺れ時間がどの程度のものであったか、自ら記録したものが残っていないので確かではありませんが、物心がついて以来経験した地震とは比較にならないものであったことは間違いありません。揺れが収まったころ外に出ると、近所の人達がその驚きの声をお互いに発していました。しんしんと冷えた夜空に月が冷ややかに周囲を照らしていた光景は忘れることはできません。

家屋は一部損壊、家族は全員無事

被害については、私たち二人と母と祖母共に何ら怪我がなかったのが何よりの幸いでした。しかし家屋は相当な被害をうけました。築百年と聞く門屋（祖父の時代まで馬で往診をしていたので、馬屋と馬の飼育や世話をしていた老夫婦が住んでいた一室で構成されていた）が完全に崩壊し、同時に庭の塀も倒れて、母屋が道に丸見えの形になりました。そして崩壊した門屋の瓦礫が祖父時代の診察室に倒れかかり、玄関を境に東西に位置していた母屋と診察室が捩《ねじ》れ、母屋の壁には長いひび割れが走った状態になりました。しかし母屋の被害は住まいとして機能する範囲に止まったのが何よりの救いでした。

私たち二人は、六高は地震で崩壊して試験などないと諦め気分で登校しようと家を出たところ、そこには予想もしない村の様相が目に入って来ました。わが家の北側の道は、昔から〝土手〟と呼ばれる干拓地の水際で、それより北側（山側）は外見上は全く被害を受けていませんでした。わが家の地盤がゆるいため被害がひどかったわけでした。

前を向いて進むしかない

さて私たちは戦後一年余りの苦闘で、やっと食べるものだけは最小限ではあるがまともに食べられるようになったところへの地震で、住の危険とたたかわねばならないという第二の壁を乗り越えなければならなくなりました。しかし、不思議と思えるほど深刻な精神的打撃を感じなかったのです。それは、被害の程度が何とか雨露を凌げる程度の範囲であったこともありますが、何よりも戦後の生活体験から、前へ向いて進むしかないことと、不安はあっても頑張れば道は開けるという口では表現しにくい自信めいたものが身について来ていたと思われます。しかし、現実はきわめて厳しいものでありました。瓦礫の片付けと共に、門と塀の修理は平時の時とは全く異なり、大工や左官さんに頼られず、資金も材料もなく、近所の戦地から復員してきた農家の小父さんに、知恵と力を借りて懸命に再建に取りかかりました。驚いたことに、農民は自分の力で住む処や家畜の小屋などを作る最低の知恵と力を持っているということでありました。六高の同室の友人（富島建治君）のアルバイトの手助けで、配給された木材を山から担いで運んだことは、学友に感謝するとともに苦労話の一つになっています。屋根瓦葺き、壁塗りなどなど自分でもやれば出来るのだという、何か世の中が明るくなった気分を味わったことを思い出します。門屋の再建をしたお蔭で、最初の米の収穫にとっては必需品である縄、筵、俵なども自分の手で作ることを学びました。

三年間の高校生活最後の三カ月は、私にとっては通常の卒業式やお別れ会などは全くと言ってよいほど記憶に残っていません。日々の生活のために苦闘し、将来の展望はすべて大学生活に託していました。

戦後の高校生活を振り返る時、一言付け加えたいのは、私の青春を支えてくれた母の役割であります。次々に立ちふさがる災難や困難に対して、何一つ愚痴をこぼさず、諦めず黙々として私の背中を押してくれていたことを書き留めておきたいと思います。

第四章

京大学生時代

なぜ京都に出かけたか

旧制高等学校特にナンバースクールを無事卒業出来た学生の将来は、一般に〝末は博士か大臣か〟という言葉に表されているように、東大、京大、……といわれる有名大学への進学が期待されていました。私は戦後の混乱期を乗り越え、いよいよ医師の道に足を踏み出すことになりますが、地元に歴史的蓄積をもつ岡山医科大学があることは承知の上で、良き医師になるためには、視野の広い勉強をしたいとの夢を追う気持から離れられませんでした。戦争直後の社会状況は、ごく近い親戚をもっていた者でない限り東大のある戦災地東京へ出ることはとても考えられませんでした。理科乙類一〇〇名中、東大医学部へはわずか三名？　進学したに過ぎませんでした。従って、実現可能なところは京都大学ということになりました。入学してみると、クラス構成は六高出身者が京都にある三高出身者とほぼ同数でありました。

私は、京大農学部グラウンドを走ったインターハイで五〇〇〇《メートル》競走で優勝した時から、京都―京大の印象は落ち着いて勉強出来る環境だと思い込んでいました。また、私が京大を目指した根底には、社会的歴史的に有名な総合大学へ行けば、医学はもちろんのこと法律、経済、文学、物理化学など広く学べるものと思い込んでいたからです。これは本稿の幼少期で記述したように、代々医家に生まれ幼くして父を亡くし祖父の背中を見ながら、将来は医師の道を歩むことを自ら決め広い視野をもった世の中のことがよくわかる医師になりたいと念願していたことから発した心情でもありました。戦後のわが家の家庭事情からは大変な決断をしたものだと、今になって振り返ると思いますが、当時はほとんど迷いはありませんでした。また母も、何一つ恐れず私の思いの実現に対して背中を押してくれたことには、今もって頭が下がる思いです。母は、友人の息子さんで京大医学部に学んでいた方を探し出し、受験準備のための書籍を借用することや受験日の宿泊など援助をお願いしてくれました。

京都大学医学部入学後の一年間

私は京大の入学試験を無事パスすることが出来ました。京大受験の問題、特に数学は難問で、四問すべてどこから手をつけていいのか考え倦《う》む状態でしたが、その中の一問は、戦後母校が再建されて授業が再開され、数学の掛谷先生の授業で山賭け問題を解かされていた中に、グラフで図式化すれば解けていく問題がありましたが、それとよく似た問題でしたのでクラスメートは皆正解しました。これも六高生が多くパスした原因の一つだったと思います。

さて、いよいよ授業が開始されると、解剖学、生理学、医化学と毎日講義の連続で、とても他の学部の講義を聴講するなどの余裕は全くないことがわかりました。私の甘い夢のような期待は、一瞬のうちに吹き飛ばされたと言って過言ではありませんでした。

生活面では、高校時代の全寮制と学徒動員から、家を離れた経験は持っていましたが、本格的に下宿生活を都会でする不安は拭《ぬぐ》い去れませんでした。幸い義兄の友人で京大工学部建築科の助教授の家に下宿させてもらい、母も安堵していた様子でした。都会生活の経験のない田舎者の私にとっては、朝起きて夜寝るまで緊張の連続であったことを思い出しています。当初は、烏丸北大路の市電烏丸車庫の近くの下宿と、東山一条の京大医学部を往復する以外は、横道にそれないようにする毎日でした。

さて、講義が始まって驚いたことは、各教授が原稿も覚書も何一つ持たず、規定時間を滔々《とうとう》と講義されることでした。しかも、それをノートに忠実に記録することで、一冊の教科書が出来上がるような内容でした。その記憶力の優れていることには、正に度肝を抜かれた感じで、今までの学校では経験したことのないことでした。余談など少しもなく、正に「私の講義についてこい」と言わ

京都大学正面玄関の時計台（『京大史記』より）

んばかりの毅然とした態度で終始されました。

特に脈管系と神経系の解剖の講義を担当された平澤興教授の講義は忘れることは出来ません。先生は神経の錐体外路系の解剖を体系づけられた方で、後に総長を務められた有名な方でした。近代医学を学ぶ者にとって最初の難関であり、基礎中の基礎である解剖学を学ぶ困難を突破しないと前に進めないので、教授はその先鋒の役割を果たされていたことが、後になって理解されました。しかも、一つ一つの臓器にはその場所と機能を示すラテン語の学名が附けられており、ある意味では英語、ドイツ語以外にラテン語の学習が付帯されていました。解剖学に続く生理学、医化学の講義は、中学、高校の延長線で何とか講義についていきました。生理学ではちょっとしたトラブルが起きました。担当教授は特異な性格の持ち主で、語られる講義の内容が学生には全くと言ってよいほど理解できないので集中が悪く、遂に教授の怒りにふれ、「この動員（学徒動員のこと）崩れには講義する必要はない」との捨てゼリフを残して、講義を一方的に中止してしまいました。普通はクラス委員がお詫びに行き再開するのが習わしであったようですが、わがクラスはこれに抵抗し、最後は学生思いの助教授が補講して下さり、後始末をつけたという一幕がありました。

今になって振り返ってみると、こうした京大の雰囲気は、今までに味わったことのないものでした。教授は医学教育上自己の担当分野について学生に義務を果たし、学生は医師になるために必要と思われる（当時はよくわからないままに）ものを自分で選択して吸収する関係で両者が結ばれており、自由で自主的な環境に包まれていたと言えます。特に京大では、この自由度が強いものであったかも知れません。私は、後に触れることになりますが、京大・岡大という二つの大学の医学部の講義を聴講する稀な経験の持ち主となったので、比較できる立場にあったから言えることかもしれません。

社会医学研究会との出会い

基礎医学の受講を中心にして、日々の医学生生活にやっと馴れた頃から、これだけでは満足しておれないのは、京都に出てきた心情からして当然のことでした。やがて、夢を現実化する道やその方法はどのようにすればよいか、日々考えるようになりました。差し当たり視野を広げるため、京大全学で行われる春秋の文化行事や各種の講演会に出来るだけ参加するように努めました。本稿のタイトルに流用させてもらった「わが青春に悔なし」の映画観賞もその一つであります。戦後の青年の気分にヒットした「真空地帯」の著者野間宏（京大卒）の講演や、戦時中非転向で獄中闘争を闘い抜いた日本共産党の志賀義雄、宮本顕治などの演説も、緊張した気分で聞いたことを覚えています。また、医学史に興味をもっていたことから、京大医学部の歴史を学びたいと、同窓会の芝蘭会学生部に入ってみることにしました。そこでは、二年先輩のN君から芝蘭会名簿作りの作業を手伝わされました。しかし、この仲間入りは本来の私の目的とは違っていることが次第に明らかとなり、後にこれから手を引くことにしました。

同じく二年先輩の故中川米造さん（後に阪大医学部教授になられ、有名な医学概論のわが国での創始者澤潟久敬―フランス哲学専攻―を師として、わが国で初めて医科の大学講座で医学概論の講義をされた）が、医学概論を医学生に普及活動をされていたことに影響され、大学のキャンパスの近くの日仏会館に、フランス語を学びに足を運んだこともありました。やがて中断するという残念な結果となりました。思い切って法学部の講義に、正規の授業をサボって覗きにいったこともありました。滝川教授の刑法、末川教授の民法、大石教授の憲法でしたが、いずれもとてもついてはいけないことがわかり、残念ながらこうした選択肢はないことを確認しました。それでも前二者の講義は講堂が満席で、迫力のある雰囲気を感じました。こうした暗中模索をしながら、やっと辿り着いたのが社会医学研究会でありました。

この研究会は、三年先輩の最高学年の吉田克己さん（後に三重大学医学部の公衆衛生学教授になられ、四日市大気汚染問題に取り組まれ、公害健康被害補償法制定の専門家としての立役者となられました。水島の公害問題でもたびたび現地に足を運ばれ指導された。写真次頁左下）をリーダーとした学生の自主的研究グループでした。彼が『京都の医療を語る』で述べておられるように、全京大の二百人に及ぶ社会科学研究会（戦前の社研の流れをくむ）の中で、医学部では医学の特性を生かした調査活動などを通じて、現実に足を置いた研究会にしたいとの思いで組織されたとのことでありました。従って、『資本論』を頂点とする社会科学の理論学習と、労働者、農民の健康実態の調査分析をするという両面の活動をはじめたいわゆる進歩的学生のグループでありました。記録と記憶に残っているメンバーと消息に触れておきます。以下のメンバー（敬称略、順序不同）は、その後医学、医療の各方面で重

吉田克己三重医大名誉教授
（当時医学部四回生）

西尾雅七京都大学名誉教授
（当時衛生学助教授）

要な社会的役割を果たされています。
吉田克己（前述）
片桐　学（故人　京都紫野診療所から北病院―民医連）
岩井　進（故人）
大屋史郎（故人　京都南病院）
牟田末人（故人）
陶　棣土（京都府城陽市在住、外科医）
帯刀弘之（最近逝去される）
橋本雅弘（吉祥院病院長、京都民医連会長、近畿高等看護学校長など歴任、ベトナム戦争調査団員）
細川　汀（労働医学専攻、関西医大助教授から京都府立大学教授歴任）
小野貞雄（故人　岡山県真備町にて開業）
田尻俊一郎（故人　京大医専卒、大阪伝法診療所長、過労死問題に取り組む）
片村永樹（京大医専卒、泌尿器科専攻）
高山文三（関西医大外科教授から病院長歴任）
村上　宏（神戸大学元教授・衛生学専攻）
松岡健一（筆者）
調査研究の指導者は西尾雅七（故人　当時京大医学部衛生学助教授、京大名誉教授　写真前頁）

社会医学研究会の仲間
左から橋本弘・故 片桐学

若き日の陶 棣土氏

社会医学研究会の仲間
左から2人目田尻、右へ細川、松岡

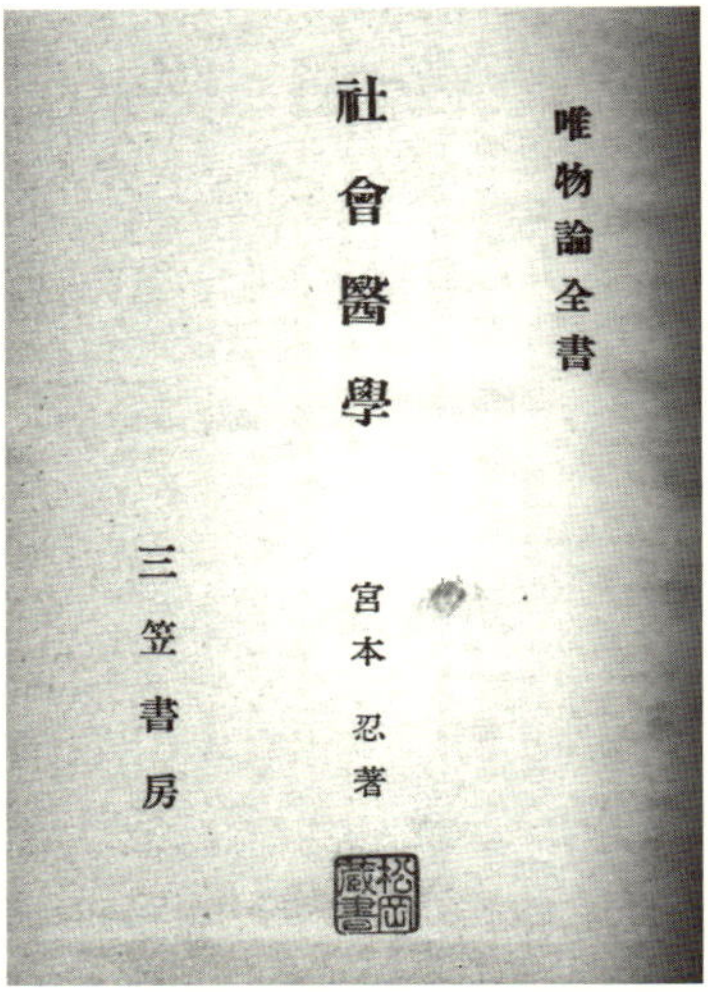

理論学習については、各人それぞれ特性はありましたが、医学と社会に関するものの見方考え方を主に読書会を通じて学びました。宮本忍著『社会医学』、安田徳太郎著『医学の階級性』、エンゲルス著『空想から科学へ―社会主義の発展』、『イギリスにおける労働者階級の状態』などが共通のテキストで、論議を交わし時には空転したことを覚えています。私にとっては、物心がつきだした戦前戦後の高校生活の体験から、疑問や問題意識が少しずつ解かれて行き、更に疑問を生んで社会問題に対する視野が広がっていきました。

研究会活動の第二の柱である調査活動は、後にどちらかと言えば主要な活動になりましたが、それは主に吉田克己氏をリーダーとし、当時衛生学教室の西尾雅七助教授の指導の下で、国鉄（現在のＪＲ）労働者の労働実態調査でありました。その他に、女子労働者の生理休暇の実態、農村の食生活の問題などがテーマになりました。私は国鉄労働者の調査活動に参加させてもらいました。これから得たものは、吉田氏が語っておられるように、私たち医師になろうと志している者の歩む道を決定する上で極めて教訓的なインパクトを与えました。その活動の概要を残されていた記録と記憶を基に紹介します。

戦後の一時期の国民生活、特に食生活は厳しいものであったことは、六高時代ですでに述べたところでありますが、「米よこせメーデー」と呼ばれる皇居に向かって多数の人々がデモをする事態にまでになりました。一方、経済社会の再建のため、労働者は摂取するカロリーよりも消費するカロリーがオーバーする状態での労働が強いられました。このことを戦後の労働運動の中核的存在になっていた国鉄労働組合が、この実態を科学的に明らかにして、国鉄当局に訴えようと京大社会科学研究会に持ち込みました。当時医学部学生で社研の会員であった吉田氏が、社会医学研究会の課題として取り組みました。これには、医学的専門知識と技術が必要なので、戦時中京大在郷軍人会長を務めておられた西尾雅七助教授（当時）に、恐る恐る相談をされたところ、予想に反し、西尾先生は積極的に受け止められ、指導されたというエピソードがあります。

調査の内容の第一は、国鉄労働者の労働による消費カロリーと、食事から摂取するカロリーのバランスを科学的に業種別に比較検討することと、労働による疲労度の実態の分析をすることでした。第二は、当時東山・逢坂山トンネルで、機関助手（機関車に乗って石炭をかまに投入する作業をする）が勤務中に倒れるという事故があり、トンネル内で一酸化炭素中毒になった疑いから、その実態を調査することでした。私は当時は低学年で、労働に関する生理学、生化学などの知識も浅かったのですが、夏休みを利用して、京都の梅小路機関区（大阪鉄道管内では吹田に次ぐ機関区）へ、技工（機関車の修理作業をする職種）の勤務中のタイムスタディをとる作業に参加しました。

初めて石炭の煙と機械油の臭いで充満した空気の中で、機関車の発車音や警笛などの騒音が渦巻く機関区に身を運んで、調査対象となった技工労働者の一日の足取りを、つぶさに記録するという体験をしました。これは、学徒動員で経験した広島の日本製鋼以来の労働現場の体験であり、汽車を走らせて人と物を運ぶという裏に、こんな大変な社会的仕組みがあり、特に国鉄とは多数の職種による巨大な総合的組織であることをつくづく感じさせられました。第二の体験は、逢坂山トンネル（京都―

大津間）内に入り、保線区の線路工夫の労働者に密着し、上記の労働量測定のためのタイムスタディを行いながら、トンネル内の労働環境と疲労度の測定作業でありました。今では全くその姿が見られなくなりましたが、線路工夫は、数人が組を組んで、〝エヤトラササ……〟という独特のリズミカルな掛け声をあげて、鶴嘴《つるはし》を振り上げて線路の補強をする作業を、ほとんど暗闇に近いトンネル内でするわけで、「地底の声」といった雰囲気でありました。しかも、定時的に通過する列車のため、一時マンホールに避難？　し、煙の排出するのを待つというものでした。私たちも彼等の行動に密着してマンホールに出入りしましたが、忘れられない体験の一つでした。この間にトンネル内のガスの採集、労働者の疲労度測定のための尿採取なども行いました。

さて、集めたデータのまとめと分析が大変な仕事でした。残念ながら、私は二回生から学生自治会活動にも足を踏み出したので、同じ会員仲間の半分以下の役割しか果たせませんでしたが、エネルギー代謝率を用いた労働量の計算、疲労度の目安となる尿のドナジオ反応の測定、食餌のカロリー計算など、大学の正規のカリキュラムでは学びえない学習をすることが出来ました。

私たちはこの調査活動に参加して、言葉では十分言い表せられない充実感を感じていたことは間違いありません。吉田、細川両氏のように、生涯を労働医学に捧げたわけではありませんが、医師としての生きざまに大きな影響を与えたことは確かです。振り返ってみると、私は臨床医としての実践の中で、診察室だけではとても認識出来ない患者の労働の場を、常に意識することの原点になったものと思っています。また、大学生の学習スタイルとして、下宿と教室を往復し、規定の医学カリキュラ

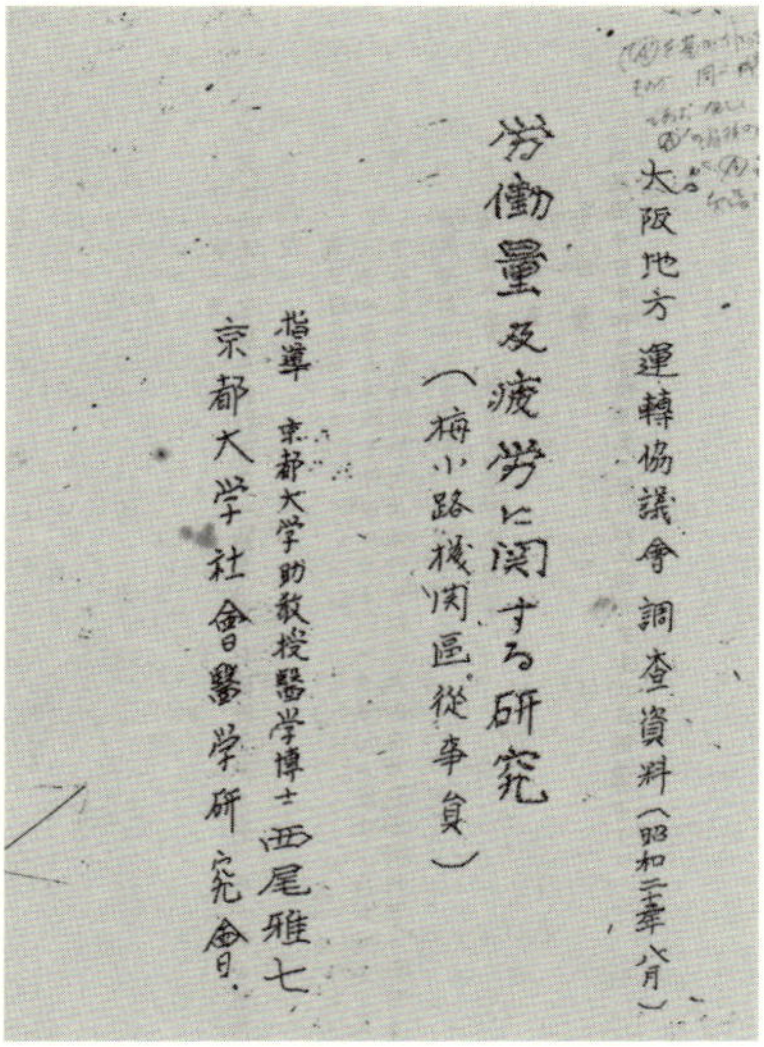

労働量及疲労に関する研究報告

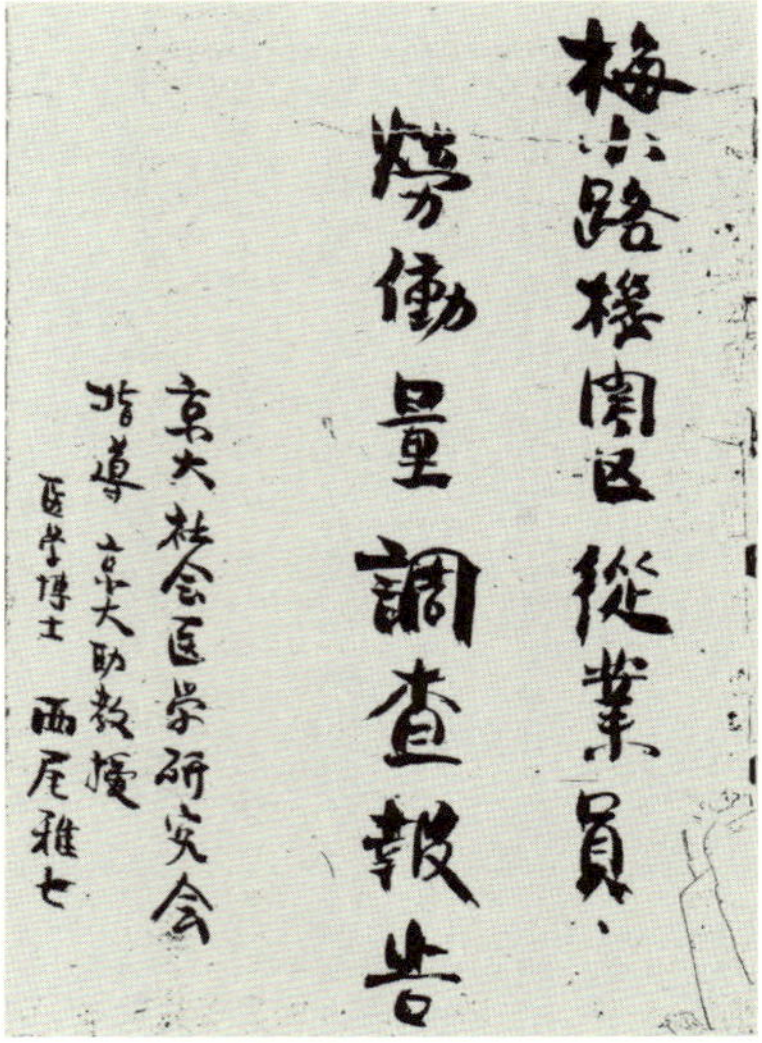

労働量調査報告書

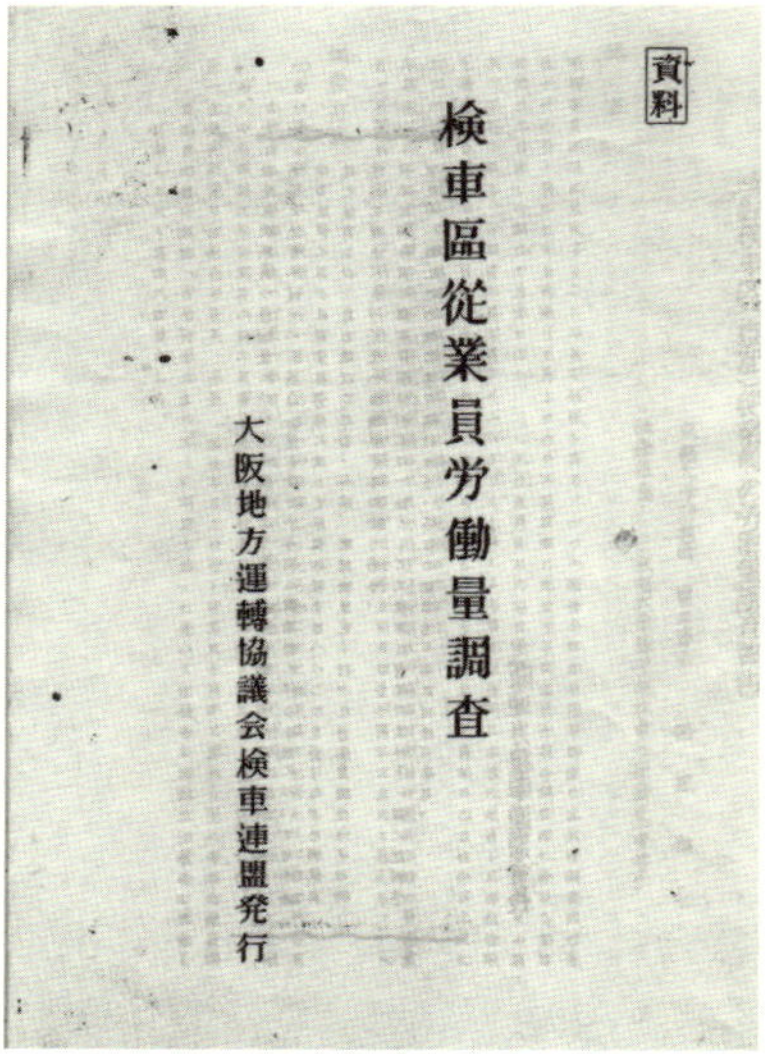

労働量調査報告書

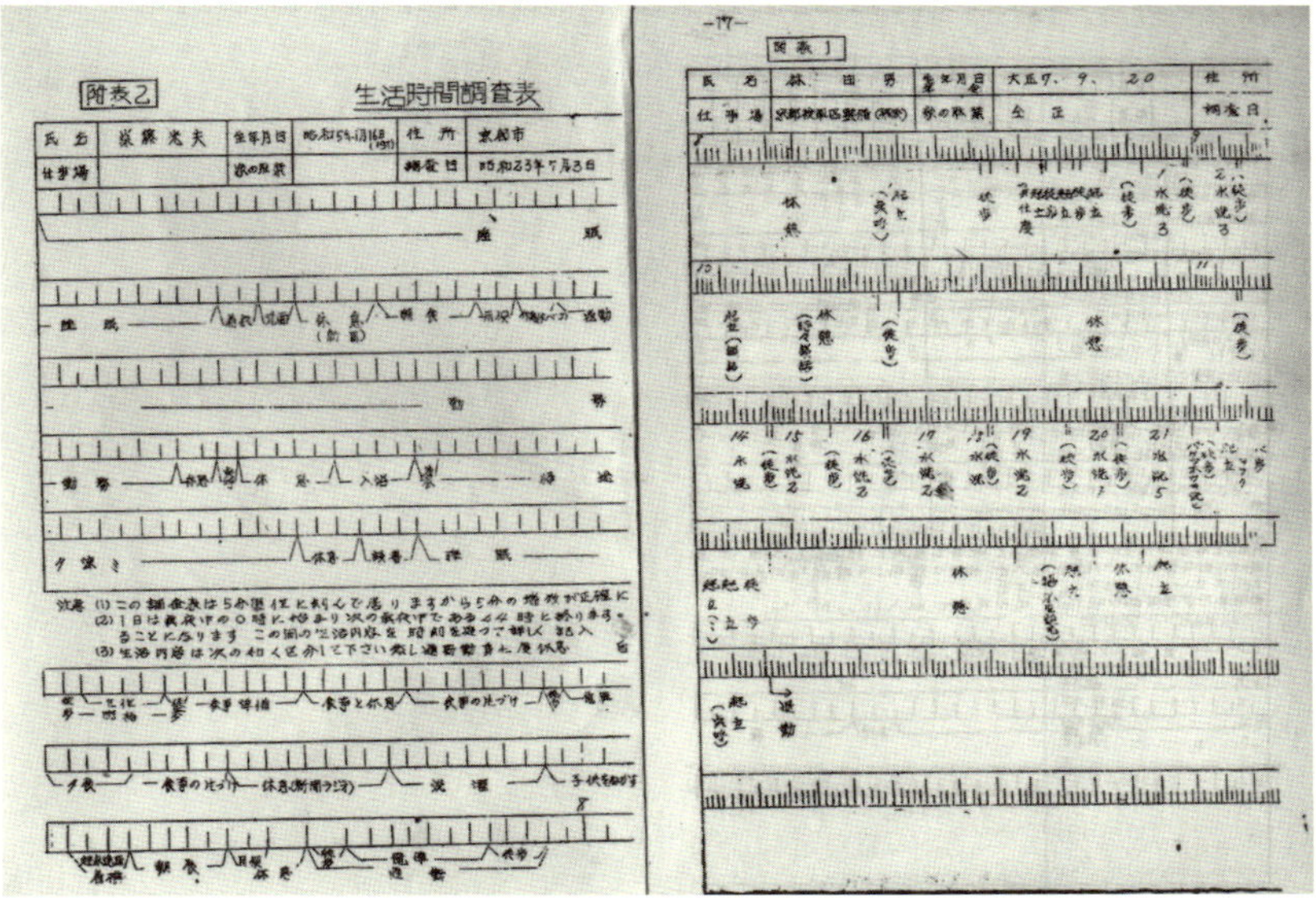

京都検車区労働者のタイムスタディ（生活時間調査表）

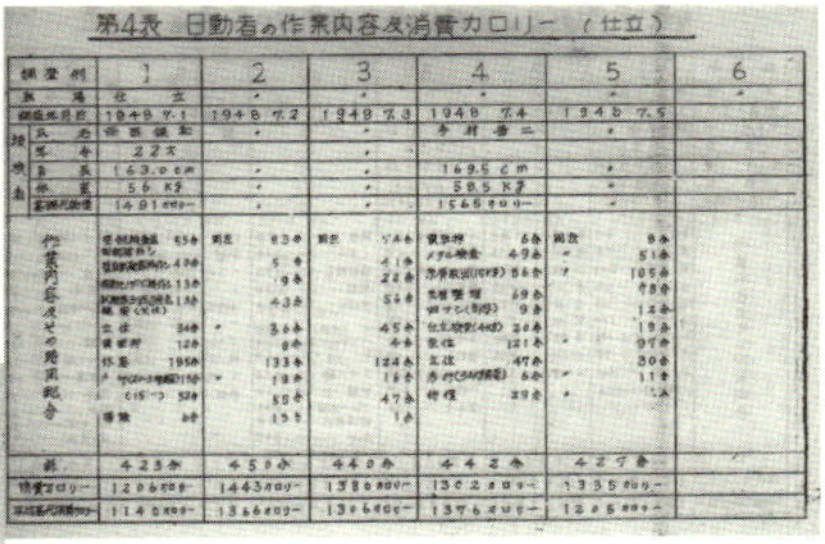

第4表　日勤者の作業内容及消費カロリー（仕立）

調査例	1	2	3	4	5	6
職場	仕立	〃	〃	〃	〃	〃
調査年月日	1948 7.1	1948 7.2	1948 7.3	1948 7.4	1948 7.5	
被験者 氏名	[illegible]	〃	〃	[illegible]	〃	
年令	22才		〃			
身長	163.0cm	〃	〃	169.5cm	〃	
体重	56 Kg	〃	〃	58.5 Kg	〃	
基礎代謝量	1491カロリー	〃	〃	1565カロリー	〃	
作業内容及その時間総合	[illegible]	[illegible]	[illegible]	[illegible]	[illegible]	
計	423分	450分	440分	442分	427分	
消費カロリー	1206カロリー	1443カロリー	1380カロリー	1302カロリー	1335カロリー	
[illegible]	1140カロリー	1366カロリー	1306カロリー	1376カロリー	1305カロリー	

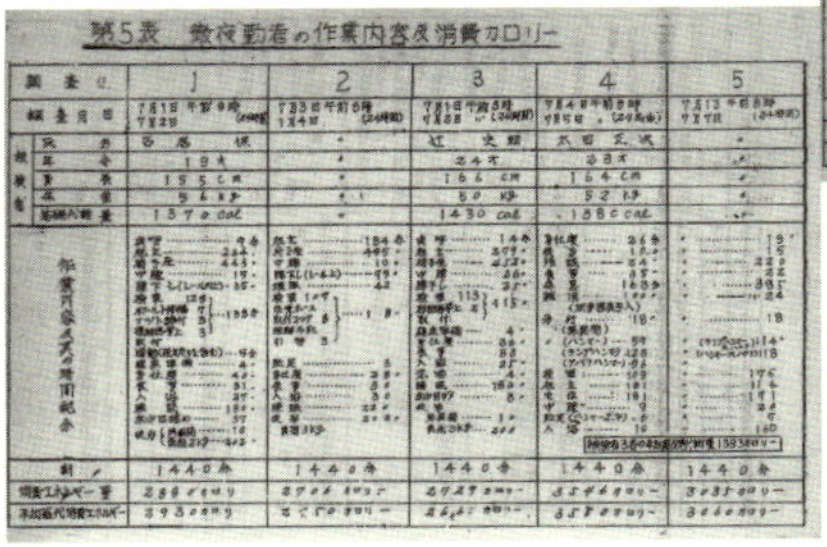

第5表　徹夜勤者の作業内容及消費カロリー

調査例	1	2	3	4	5
調査月日	[illegible]	[illegible]	[illegible]	[illegible]	[illegible]
被験者 氏名	[illegible]	〃	[illegible]	[illegible]	〃
年令	19才	〃	24才	23才	〃
身長	155cm	〃	166cm	164cm	〃
体重	[illegible]	〃	50kg	52kg	〃
基礎代謝量	1370cal	〃	1430cal	1380cal	〃
作業内容及その時間総合	[illegible]	[illegible]	[illegible]	[illegible]	[illegible]
計	1440分	1440分	1440分	1440分	1440分
消費エネルギー量	[illegible]	[illegible]	[illegible]	[illegible]	[illegible]
[illegible]	[illegible]	[illegible]	[illegible]	[illegible]	[illegible]

国鉄労働者の日勤・夜勤作業内容及消費カロリー

ムをこなすのみの固定したものでなく、自主的自発的に社会の現実から学ぶことの大切さを教えられたものと思います。

日本共産党へ入党

上洛してから約一年足らずの新生活体験を通じて、私は新たな歩みに足を踏み出すことになりました。それは、日本共産党への入党という人生行路の高価なキップを手に入れることでした。戦前から戦後を通じて、自由と民主主義の日本歴史を築く上で、先進的な活躍をした多くの先達を生みだした京都の社会環境が、私の背中を押してくれたことは確かでありますが、私の幼少からの思いとも深く関わっていたものと思えてなりません。同時に、この決断に至るのには、身近にあってこの道を勧めてくれた友の影響があったことも事実であります。それは岡山県（高梁市）出身の六高同級生の細川汀《みぎわ》君でありました。彼は高校時代から私より一足先に入党していた先輩でもありました。

私の入党申請書は、一九四八年（昭和二三年）二月となっています。従って現在六六年の永年党員ということで、共産党の中央から〝五十年党員章〟が授与され、毎年の赤旗まつりには、胸に章を付けて参加しています。正確な日時は記憶も記録もないので、二月一四日としています。その理由は、私の尊敬する先輩の朝日茂さん（生存権をめぐる朝日訴訟の原告）の命日であり、同時に亡父の命日でもあるので、そのように決めている次第です。

ここで、入党当時の日本社会の動向の特徴と共産党をめぐる動きについて、歴史に記録された出来事をあげながら振り返ってみることとします。戦後の一時期までは、日本はポツダム宣言を受諾し、連合軍の一員であるアメリカ占領軍の下で、軍国主義の一掃と民主的改革の道を歩みました。軍部をはじめ政財界の戦争責任の追及、財閥解体などがアメリカ占領軍マッカーサー元帥の指令の下に推進されました。そして新憲法の制定の下で、自作農創設のための農地改革、労働者の労働権を守る労働法規の制定、六・三・三制を軸とした教育制度の改革などが矢継ぎ早に実施されました。同時に、深刻な食糧難の打開を中心にして、国民の民主的運動は急速に高揚し、労働組合、農民組合はじめ青年・学生・女性など全国的に組織され、運動が高揚しました。

政治の面では、戦前大政翼賛会に結集していたすべての政党が、その名称と方針を転換して、国民大衆の前に現れました。この中で、戦前は非合法に追いやられ、幹

日本共産党　五十年党員章

部はすべて投獄されていた日本共産党のみがその名称を変えることなく公然と国民の前に姿を現し、各方面の民主的運動の中心となって活躍するようになりました。従って一時期は、国民の中に特別の信頼とある種の尊敬の念をもって見られる存在でありました。戦前、戦中に国民の中に植え付けられた恐ろしい〝アカ〟という観念から大きく変貌しました。特に京都では、戦時中学問の自由と学園の自治を闘った京都大学の滝川事件や、言論・結社の自由を剥奪する治安維持法に反対し、労農党代議士として国会で活躍し右翼のテロに倒れた山本宣治(通称山宣―やません)を代表とする先達たちの築いた歴史を基礎として、戦後の民主主義的活動は明るく輝いたものでありました。大学内の学問研究はじめ、学生生活に関する各種の行事の面でも、それを推進する人々の中には、いち早く入党した党員が多く、私の眼にはある種の輝きとあこがれをもって映っていました。

一方で、一九四六年(昭和二一年)八、九月に海員、国鉄の大量首切り反対闘争をはじめとして、国鉄・全逓(郵政労働者の全国組織)を含む官公庁の労働者を中心に、国民生活危機突破を要求する〝二・一ゼネスト〟の準備が始まりました。こうした事態に対して、アメリカ占領軍は四七年一月三一日、マッカーサー声明を発してゼネストを禁止しました。これを境として、アメリカの占領政策は急転換し、四八年一月の中国革命以降、日本を極東の反共の防波堤にする方向に進み、職場と労働組合より共産党員を排除する暴挙に出ることになりました。

これに対して日本共産党は、一九四七年一二月に第六回大会を開き、行動綱領の冒頭に「ポツダム宣言の厳正実施」、「人民による経済復興と日本の完全な独立」のスローガンをかかげました。残念ながらアメリカ占領軍批判は一切禁止されていましたので、「大会前に党本部の食堂で特別の代議員会議をひらき、アメリカの占領支配を終結させて民族の独立をかちとる闘争の重要性について強調し、あらたな情勢に対応する方針を確認した」と『日本共産党の八十年』に記載されています。当時は、現在のような入党前教育―新入党者教育などされていなかったので、こうした党中央の考えは、われわれには十分に知らされないままでありました。

さて、私の京都での約一年足らずの生活は自らの歩む道程を探究することに集中したもので、将来的には共産党の一員となることは心情的に次第に濃くなっていたものの、私には入党するために乗り越えねばならなかった壁が二つありました。その一つは、社会主義・共産主義（マルクス主義―現在は科学的社会主義と呼ぶ）の思想と理論の学習不足ということ、その二は郷里に残している母親に対する心情でありました。

第一の課題については、すでに「社会医学研究会との出会い」のところで述べたように、入門書的な論文は幾つか理解したものの、その奥の深さから生涯の追究課題であり、しかも実践の優位性という理念から、実践しながら学ぶということで割り切る以外にないと自らに言い聞かせました。要は、労働者階級の解放を通じて、新しい時代を切り開くために献身するという道を選ぶという決意でありました。しかしこの課題は、その後の党員としての長い歩みの中で、真実であったことを確認すると同時にそれは大変な課題であり、無限の内容豊かなものであったことが、今になってわかってきました。まもなく起こる「共産党五〇年問題」、「スターリン批判」、「ソ連崩壊」を経過した現在、その重みは大変なものであります。

第二の課題は、当時は重苦しい心境に陥った思い出として残っていますが、その後の私と母の歩んだ道の中では、大きな飛躍といってよい結果となりました。二七歳の若さで夫と死別し三人の子育てに、苦労の連続であった明治生まれの母にとり、最後の拠り所であった私が共産党員になることは、時代が第二次世界大戦後とはいえ大変なショックであったことに違いありません。言葉少ない母のことで、直接私にその心情を語ってはくれませんでしたが、彼女の親戚や友人に心情を吐露していたようであります。しかし、彼女は自らの足でその壁を乗り越え、最後的には自らも入党することを考えていたようであります。旧友大塚昭信君が彼の母親との対話で語っていたことが、最近知らされました。実現しなかったことは残念であります。当時私はいろいろ思い悩みましたが、これは母の問題ではなく自分自身の生きざまの問題であり、決断の問題であることに気付くようになりました。しかし、この課題は、共産党員と家族との関係という大切な問題に連なるもので、死ぬまで続く重要な課題と認識しています。

共産党に入党することすなわち（コミュニスト、当時はKP―ドイツ語でKommunist Parteiの略―と呼称されていた）になることは、人生行路の上では画期的な飛躍であり、日々の生活態度を変えていきました。従来のように、世間を観察しながら自分の行動を規定する生き方から、変革のために自己を位置づける生き方へと変わっていきました。当時私が好んで噛みしめていたマルクスの言葉に、「哲学者たちは世界をただざまざまに解釈してきただけである。肝腎なのはそれを変えることである」

（「フォイエルバッハにかんするテーゼ」の第十一項目　マルクス・エンゲルス全集③五頁　大月書店）がありましたが、このテーゼが大きな影響を与えたものと思います。従って、日常の学生生活全般にわたって、問題意識に上がった課題には何らかの行動をするという姿勢を取り始めました。

学生生活と党活動

入党した以上は、党員として恥ずかしくない活動と生活をしなければならないとの一念で、日々を過ごしました。以後の一年間を振り返り思い出すままに足跡をたどり、当時と現在との比較を加えて記述することとします。

寄宿舎生活へ

まず取り組んだのは、通常の医学的学習と党生活を両立させるために、大学の近くに生活の場を設定することでありました。当時京都大学には、昔から学生寮（吉田寮）が旧制三高に隣接して建てられており、寮費も安く、自治寮で学生生活にとって不必要な制限は全くなかったため、希望者が殺到し、競争率は大学入試の倍近く高かったものです（医学部入試七倍――入寮率一三倍）。幸いに出身校が六高であったため、四高に次ぐ多数の先輩がいたためパスしたようです。以後大学を去るまでの三年間、この場で生活し、数々の活動をするためにも、大変便利な結果となりました。私の寮生活に残した唯一の仕事は、入寮のための選考の在り方を、より平等に民主的にすることでした。それまでは、出身校などコネが重視され、選考委員の主観的判断に任されていました。これを改め、選考基準を作り、面接による人物評価は出来るだけ簡単なものとし、あとは抽選方式にゆだねることとしました。このことも影響してか、学生運動や民主的諸活動に積極的な学生が入寮し、活動の物理的足がかりの役割を果たしました。この傾向は全国各地に波及して、全国的な寮生の組織まで発展しました。京大では当時の学生運動のリーダー格の学生が入寮し、活動の拠点とさえ見られていたようです。一九六〇年代後半の学園紛争時代は、寮の問題は大学当局の頭痛の種の一つとなったと言われています。

「青共」活動への参加

当時の青年・学生の活動の一つに、後に〝歌って踊って〟と一部から批判の声を浴びた流れがありました。若者の性の解放の内容を含めて社交ダンスや合唱団といった、手軽で（金のかからない）行える活動スタイルが広く普及しました。青年運動を推進する青共（青年共産同盟の略称―現在の民主青年同盟の前身）はその中心的役割を果たしました。

町の隅々には、今で見るカラオケのようにダンスホールが開店し、夕方にはそこに若い男女が三々五々と集まりダンスメロディーが聞こえてきたのを記憶しています。駅のプラットホームで電車を待つ若者が、ダンスのステップを踏む練習をしている姿をよく見かけました。これは、今ではゴルフスウィングスタイルをとっているのと符合しているようです。私は特にダンス好みではありませんでしたが、女性との接触経験を味わうこともあり、青共主催のダンスパーティーを、寄宿舎の前にあった学生集会所を借りて準備する役を引き受けていました。ほとんど無料に近い負担で、同志社大学、京都女専などの女子学生と出会える機会が与えられ、学生にはよく利用され、中にはこれが契機となって愛が結ばれた例も生まれました。私は年老いてから、忘年会の二次会で、バーのマダムとダンスのステップ踏んで仲間から驚きの声を聞きましたが、これも青共ダンスパーティーのお蔭と言えましょう。

また当時の青年学生の集まりには、必ずと言っていいくらいコーラスが付き物になっていました。それは戦時中の旧制高等学校の寮歌の変身とも考えられますが、特別に音楽好きの人々とは別に、平和の歌や青年学生の歌、ロシア民謡などが歌われていました。青共や共産党細胞（今では支部と呼ぶ）の会合の終わりには、必ずインターナショナルの歌を合唱するのが慣例のようになっていました。メーデーはじめ各種のデモ行進には、最初から最後まで合唱しながら歩いたものです。後節で述べる天皇の京大行幸の車を学生の「平和の歌」で囲んだという「京大天皇事件」も、誰が指揮したでもなく、一般学生から自然発生的に生まれた歌声の根っこには、こうした流れがあったと思われます。

当時の学生の口ずさむ歌の中には、ロシア民謡が多かったことも特徴です。「シベリヤ物語」という底抜けに明るいロシアの自然と民衆生活を描いた映画がヒットし、若者の心を捉え、これと結びついて、独特のリズムと歌手の声量を持ったロシア民謡が広がったことも忘れられません。現在では一九九〇年代初めのソ連崩壊以来、ソ連とは暗いイメージしかありませんが、これとは全く対照的でありました。こうした若者の行動は全国的に広がり、後にうたごえ運動として大きな流れとなりました。そしてその流れは労働運動とも結び付き、後の一九六〇年代の三池炭鉱労働者の大闘争の中で歌われた荒木栄の数々の作品を生み、その中の一つ「がんばろう」は今も労働歌として歌われています。

メーデーに参加して

一九四八年五月一日、生まれて初めてメーデーに参加しました。京都では広い御所広場に、プラカードや幟を持った労働団体グループを中心にした集会が開かれました。メーデーの歴史も意義もろくに知らない私でしたが、共産党は労働者の党だということで、共産党京都府委員会のグループの一員として参加しました。当時は、労働者、農民、学生、市民の中に共産党組織を建設することが重要な方針だったらしく、府委員会のメンバーの尻にくっついて入党の訴えをする辻説法に加わりました。集会後は、市中をデモ行進し、府庁と市役所と裁判所の前でジグザグ・デモをおこないました。これらはすべてが全く初めての経験で世間がとてつもなく広がったことを覚えています。

学生自治会活動に足を踏み出す

京都大学の学生組織には、全学的には戦前の流れを汲む校友会型の同学会が存在する一方で、戦後経済学部を先頭にした各学部に学生自治会が組織されました。医学部は農学部とともに遅れて自治会の結成が始まり、これを推進する一員として私もこの活動に参加することになりました。同時に、全学的な同学会へは、医学部選出の協議員として、共産党京大細胞から旧友細川汀君の後任として私が立候補することになりました。人前でものをいうことを苦手としていた私ですが、清水の舞台から飛び降りる心境で、学生の前で演説？　したことを思い出します。無事当選しましたが、党の先輩たちの指導は受けたものの、全く何をしてよいか分からず、運動部、文化部など旧い体質のグループと論戦？　することに終始していました。

当時の全国の学生運動の流れは、一九四八年七月の全学連（全国学生自治会連合会）の結成に向けて各大学で学生自治会が結成され活発な活動が展開され、これが全国的に結集して前進していました。京大同学会は戦前の校友会的性格を脱皮しないまま運営されていたため、共産党京大細胞はこれを民主的に変革し、真の学生自治会として全国的な流れに合流して全学連に加入することを重大課題としていました。数名

京大同学会（全学自治会）役員と大学当局者
二列目左端角南学生課長、五人目鳥飼総長、七人目松本補導部長
前列左端井爪（旧姓加藤・法学部）、五人目松岡（医学部）

に達しない共産党員とシンパ（シンパサイザー＝支持者）で、少数ながらあらゆる機会をとらえて奮闘しました。このことは、『京大史記』には、以下のように記述されています。「この頃の同学会協議員は、運動部系もしくは右派系が大半を占め、日本共産党の影響下にあった青年共産同盟（青共）、民主主義学生同盟（民学同）、社会科学研究会（社研）等の学生は、全協議員の三分の一程度であった。」

結成当初の全学連は、授業料値上げ反対と大学の自治を制限する大学管理法に反対しゼネストを含む全国的な運動の方針を掲げていました。京大同学会協議委員会は、この方針に対して意見が対立し、統一して賛成することは出来ませんでした。従って、全学連大会には賛成、反対の二派の代表を送ることとなりました。賛成派の私と反対派の佐藤潤太君（法）―岡山一中同級生で海軍兵学校復員組―とがそれぞれ意見を述べることとなりました。その後の学生動向は全学連支持へと動き、同学会も一九四八年一〇月一日、全学連に加盟することになりました。

ここで記述しておきたいことは、全学連結成と同時に、医学連（全国医学生自治会連合）結成の機運が高まり、私もその一役をかったことであります。戦災復興が未だ進んでいない東京に、右も左も分からない田舎者の私は、何一つまとまった考えもなく医学連結成のための準備会に出席しました。その場で東大医学部学生の下出久雄君（民医連病態生理研究所長を長く務められ今も文通している旧友）から、委員長は彼がやるから副委員長は京大から、ということで私にと依頼されました。判断には戸惑いましたが、誰に相談することもできず受諾することとなり、初代医学連副委員長という名誉を得ることになりました。さっそく数名の交渉団を編成し、厚生省に乗り込み担当の役人たちを相手に、インターン生の身分と生活保障の要求をめぐって交渉しました。生まれて初めての経験で、政府の役人の偉ぶった様子に本能的に反発した自分の言動を自覚したことを覚えています。

インターン問題は、その後も医学連の中心的課題とされました。一九六〇年代後半の学園紛争時代を経てインターン廃止運動へと転化し、現在の卒後研修制度へと繋がっていくわけであります。今から振り返ってみますと、戦後の医学生運動の嚆矢《こうし》に関与した者として、人前では言えない誇りと自負しています。

選挙活動への参加

新憲法の下でまともな選挙活動が行われ始めたのは、一九四七年の第二三回衆議院選挙からでありました。京都は戦前からの歴史的蓄積もあり、戦後早くから地方議会に共産党が議席を確保していました。京大医学部出身の左京区で開業医をしていた安井信雄氏（安井医院は現在の京都民医連第二中央病院の前身）はその一人でありました。また伏見区選出市議には、弁舌爽やかな西口克己氏もいました。彼は遊郭の家に生まれ東大文学部に学び、作家として花柳界の実態を描き、その著作『廓』は大ヒットしました。

国政選挙では、日本共産党は第二四回衆議院選挙で前回の四名から一躍三五名の議席を確保しました。京都では一区谷口善太郎（小説『綿』の著者で友禅染の労働者出身）、二区河田賢治（飯野造船労働者出身）と二議席を確保しました。それぞれの選挙活動には、若くして行動力のある京大細胞の学生党員が駆り出されました。当時の選挙活動には、現在のようなあれこれの制限は少なく宣伝用具も少なくメガホンを持って街の隅々で辻説法型の演説をして廻りました。何を訴えてよいのか誰も教えてくれず、先輩の口移しと新聞「アカハタ」の「主張」などを頼りに何とか役は果たしましたが、もともと得意でないし馴れないので力のいる活動でした。当時は、各段階の議会の位置づけが権力側の弱点暴露と党の政策の宣伝の場とされており、組織戦は重視されず、現在でいう支持拡大運動などはほとんどなく街頭宣伝を中心にした選挙戦でありました。

党活動と医学専門学習との競合

学生自治会活動や選挙活動などへの参加が強くなるにつれて、正規の医学の教科学習とが競合し、両立に困難が生じてきました。また当時

第24回衆議院選挙で選出された日本共産党衆議院議員
谷口善太郎（左）、河田賢治（右）の二人

の共産党の活動の中には、重大な弱点がありました（後に「五〇年問題」として全面的に総括され改善されました）。その一つは〝革命近し〟とする情勢論であり、もう一つは理論活動を軽視する思想でした。前者は第二四回衆議院選挙で四名から三五名という大飛躍したこともあり、情勢を主観的に甘くとらえるもので、徳田書記長の「九月革命説」が流されていました。後者は党の分裂問題にも深く関わった本質的な弱点でありました。これらが一つになり、各分野で党員がリーダーシップを取れる地道な活動（私の場合は良い医者になること）と日常的な学習が二義的にされ、選挙や各種大衆運動（集会、デモ、ストライキなど）が一義的となる傾向が生まれていました。私は小中学校時代から勉強と運動の両立をモットーとしていたこともあり、両者の競合には矛盾を感じながら精一杯両立を目指して頑張ったと思いますが、それには時間的空間的に限度がありました。特に、党活動では次第に京大細胞の指導的メンバーへと歩みが進むとともに、この矛盾は深刻でありました。こうした状態を表したエピソードを一つ紹介します。

医学部二回生になると、基礎から臨床にすすむ過程で、病理学、薬理学、衛生学、法医学などを学びますが、その一つに薬理学に関連して忘れることは出来ない思い出があります。講義だけはサボりながらも聴講しましたが、最終のテストは回避することは許されません。残念ながら選挙やその他の活動で再試験を受けねばならなくなりました。寄宿舎に生活していたクラスメートが私の事情を知って、事前のアドバイス（山かけ）をしてくれましたがとても間に合わず、遂に再々試験を受けなければならなくなりました。私は意を決し、担当教授荻生規矩生先生に率直に再々試験の懇願に行きました。

「申し訳ありませんが、参議院選挙があり大山郁夫さんの応援に出かけ準備不足になり、もう一回機会を作っていただけませんか」と申しました。荻生先生は厳しい表情で、「君は医者になるつもりか」と詰問されました。「もちろん、そのために京大に入学し今日まで勉強してきました。どうかもう一度お願いします」と必死の気持ちで訴えました。先生は苦笑の表情を表しながら、「もういい。君のように言って来る者は初めてだ。何度やっても同じことだ。君が本当に医師になるつもりなら、私がこれだけは忘れてはいけないことを、これから講義してあげる」ということで、教授室で約三〇分、個人指導をしてパスさせて下さいました。その内容はモルヒネ、コデイン、アトロピン、ジギタリスその他でありました。先生の恩義には心から感謝し、亡くなられるまで年賀状は書き続けました。荻生先生は、私が医師になるまで見守って下さった尊い恩師の一人であります。

「京大病院事件」（看護学生不採用反対闘争）に関わって

京大医学部入学後三年目を迎え、医学教育はじめ学生生活にも、党活動にも次第に慣れてきた頃、新たな経験を味わうことになりました。この件については、過日戦後の京都における民主化運動を回顧する記録誌『燎原』の編集責任者岩井忠熊氏（立命館大学名誉教授）より一文を投稿するよう依頼され、「わが青春の一齣」と題しその全貌の概要を記述しました。これは、京都の戦後史の一助となればとの思いでありましたが、ここではこれを自分史的立場で再構築し、個別的エピソードなどを加えながら補強することとします。最近前記の『燎原』第二〇七号（二〇一三年七月一五日発行）が届きました。その中に今西一氏（小樽商科大学特任教授）が京大病院事件を取り上げられ、ＧＨＱの記録を紹介され、当時京大学生であった故川口是京大教授（憲法学専攻、一九八二年の京都知事選に立候補）の講義の余談に、京大病院事件に触れられたことから、「今となっては詳しい話が聞けなかったのは残念である。」という記述がありました。当時その渦中にいた生き残りの私が、可能な限りの事件経過と回想を述べておく意義を再確認した次第です。

以下の記述は、本事件のはじまりとその社会的背景、事件の経過（時系列に叙述）、回想といった順序で進めます。

本事件の始まりとその社会的背景

京大病院の付属看護婦養成所は、「厚生女学部」と呼称し、三年間の研修を終えて本人の希望により全員京大病院に就職することが入学時の約束になっていました。ところが、昭和二三年度卒業時、希望者三三名中一二名は約束に反して不採用が病院当局から一方的に言い渡されました。当該看護学生は病院当局にその不当性を訴えましたが、全く受けとめられないのでその中の一人が京大職員組合に投書することにより事態が明らかになりました。

京大職員組合（委員長西山卯三工学部建築学助教授―当時）は、特別調査委員会を組織し真相を明らかにするとともに、東大、北大、京都府立医大など全国的に同様な問題が発生していることから、国公立病院の独立採算制導入に伴う人員整理の前触れと捉え、これに対応する方針で臨みました。

一方、京大学生は大学の官僚統制の強化と進歩的教職員の排除を狙った国立大学設置法案及び教職員免許法案（通称「大学法」）に対する反対運動を、全国的な規模で全学連の指導のもとにストライキを含む形態で進めていました。

看護学生の闘いが、病院当局の官僚的な態度と医学部の封建的な体質に向けられ、体を張ったハンストに対して人間的同情も加わって、両者が結合し全学的な運動へと発展しました。更に病院当局と交渉に当たっていた三名の学生の逮捕のために京都市警察が四百人の警官を学内に導入したため、運動は学園の自治を守る闘いへと大きく展開することとなりました。

本事件の経過

六五年も前の私の記憶は不確かなことが多く、記録に残す上では確信の持てない部分が多々見られます。その上、同年輩の友人が「千の風」に乗ってこの世から去り生き残るものは指折り数えて片手の状態にあり、更に残された記録が紛失のため欠落のやむなきに至っていることが日々明らかになってきました。こうした状況にも関わらず、旧友や後輩の方々のご協力で目を通すことの出来た貴重な資料を確認し、不確かな記憶を確実にした事実の概要をまとめてみました。特に『学園新聞』と西山卯三氏の貯蔵資料を主として、細川汀、小畑哲雄、西山勝夫（西山卯三氏御子息）、山本正志（「京大学生運動史研究会」事務局長）の諸氏の援助による貴重な資料に助けられました。

一九四九年（昭和二四）年

四月二日　京大病院当局は、三三名の看護学生就職希望者のうち一二名に不採用を言い渡す。

四月六日　病院当局は、不採用者に対して寄宿舎からの退去を強要す。疇倉文子ら不採用者中六名がこの処置を不当として、寄宿舎に留まり抗議に立ち上がる。

四月二六日　占領軍政部労政課から「本人の納得行く迄選考事情を説明する」ようアドバイスあり。

四月二八日　病院当局は選考内容の公表を拒否する。不採用者六名は、最後の抗議手段としてハンストに入る。

四月三〇日　病院側はメーデーを前にして、問題

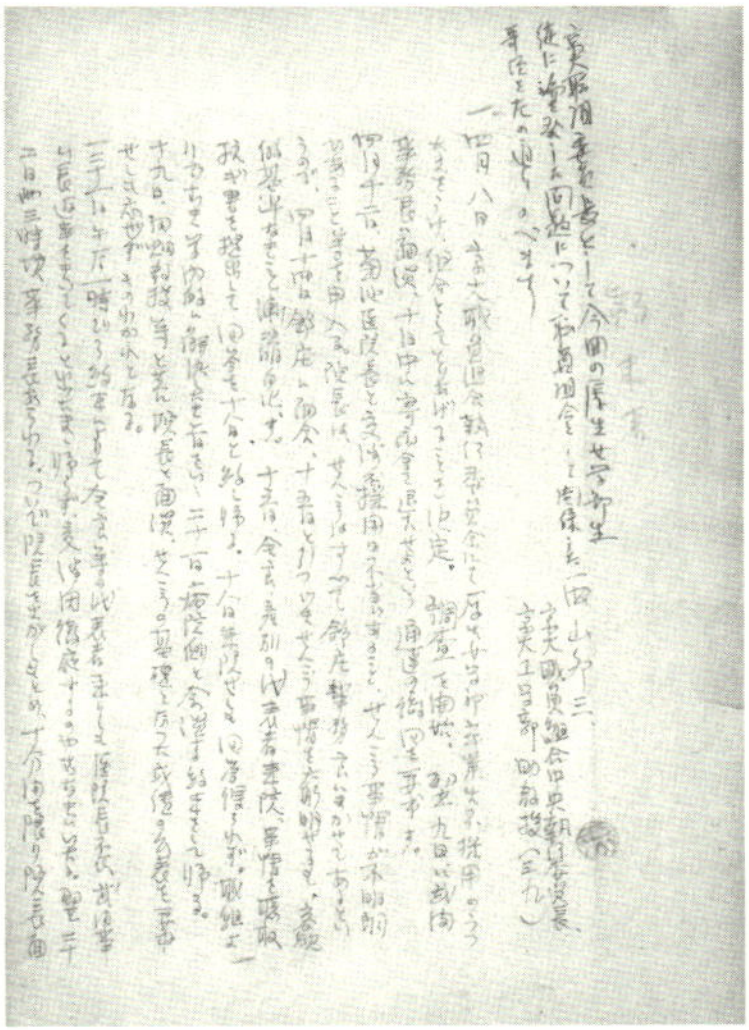

「京大病院事件」の経過を詳細に記録した西山氏の顛末書

1950年京大職員組合委員長当時の西山卯三氏

が全京都的になることを恐れ、一部を不明確ながら公表し、軍政部の依頼による梅林全官公議長の妥協案（二乃至三名採用）を受け入れ、ハンストは一時中止される。

五月二日　病院側は一名の採用と共に、寄宿舎の退去を迫った。

五月九日　不採用者六名は、再びハンストにより、世論に訴えた。
経済学部はじめ文・理・工・医・農の各学生自治会が支持に立ち上がる。

五月一一日　経済学部学生大会は抗議のストライキ決議を行う。

五月一七日　各部学生自治会代表は病院長に面会を求め、これを支援する二百数十名の学生が病院に駆けつける。病院側がまともな答えを出さぬため、病

藤田正雄君（文学部、日本育英会職員）学生時代の写真

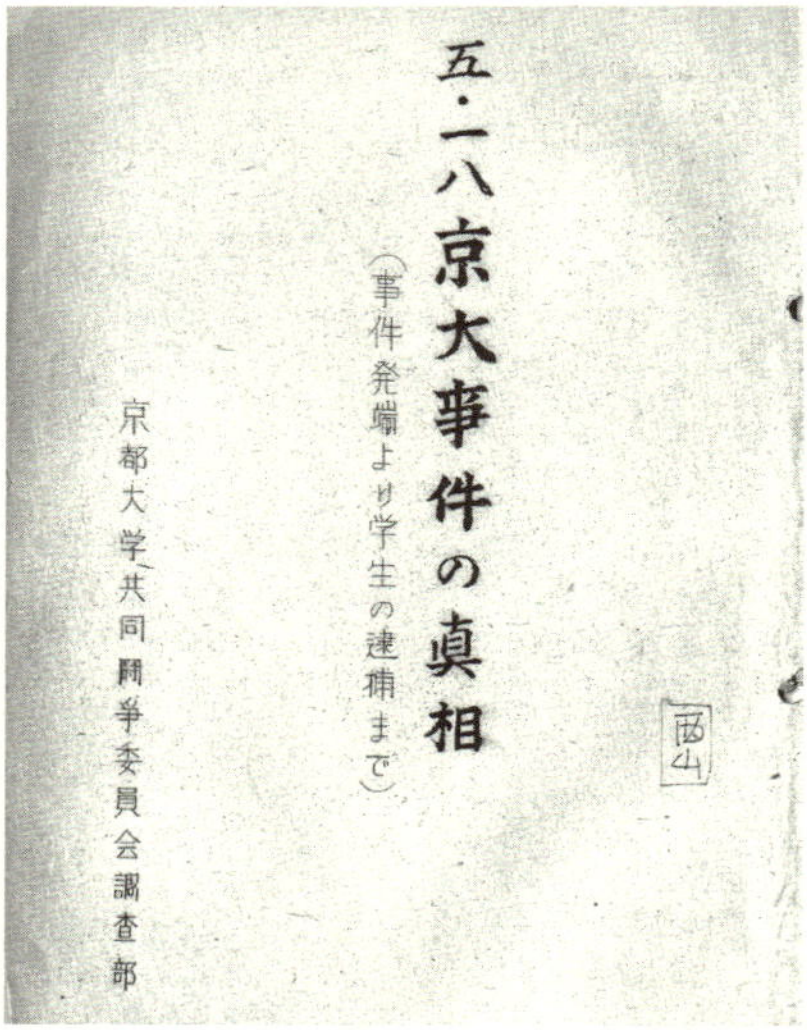

五・一八京大事件の真相
（事件発端より学生の逮捕まで）
京都大学共同闘争委員会調査部

「京大病院事件」の真相を知らせるガリ版刷りパンフ

五月一八日　一〇四名の学生と一〇名の厚生女学部生徒が同調ハンストに入る。病院側はこうした状況から三名採用を提示し、学生側の四名要求と対峙したが、徹夜の交渉の結果、四名の採用と九項目の「仮覚書」を交わし、ハンストを解くことになる。病院側は態度を変え、「仮覚書」への調印延期の申し出をし、学生側交渉委員は豊崎経済学部長をはじめ、五教授調停の下に病院事務官室で乾君（法）が議長となり交渉が再開された。病院側は「学生と学校側が対等の地位において調印する事は不当である」として譲らず、午後八時、京都市警察は約四〇〇名の警官を動員し、交渉委員三名―松岡健一（医）・藤田正雄（文）・佐藤昭夫（理）を、交渉の場から逮捕する。

佐藤昭夫君（理学部、日本共産党参議院議員、故人）

五月一九日　約二〇〇〇名の学生が、京大時計台前に集まり、三学生の即時釈放、学園に警官を導入した責任者の追及、学園の自治を壊す警察の干渉反対などを決議する。

五月二八日　全学連の全国大会で、学生運動に対するファッショ的弾圧として論議される。

六月三日　午後五時、逮捕された三学生は釈放される。

京大で全国学生大会が開催される。大学当局は図書館前の広場の使用を許可せず、約一五〇名の全国の学生代表と交渉する。この間大学当局が使用中のマイクの電源を切ったので、学生は憤慨し、大ホールへ座り込み行動に出る。

六月五日　二日間にわたる交渉も解決を得ず、学生側の疲労も重なり、この事態を全国の学生に知らせることを確認して抗議行動を終結する。

七月一八日　夏休みに入る時点で、大学当局は学生処分を発表する（小川利男〈農〉、山路勉〈経〉の二学生の放学、松岡健一〈医〉、加藤敏之〈法〉、成田洋一〈法〉、小林昌一〈経〉の四学生の無期停学）。

〈回想1〉不採用に反対しハンストをもって闘った看護学生

第一にあげられるのは、六名のハンスト看学生※を先頭にした看学生の闘いであります。これは四月の初めから二カ月余にわたる激しい闘いの出発点であると共に原動力でありました。その決意と闘争心は高く評価されねばなりません。当時の看護学生を取り巻く教育環境はきわめて劣悪なもので、人権無視の事例が横行していました。寄宿舎の畳は破れ、雨漏りがするという生活環境であり、その上婦長、舎監の生活監督は厳しく、外出時間の制限、信書の点検にまで及ぶ人権無視が恒常化していたといわれます。学生は学資金として月額五百円が支給されていましたが、看護婦不足を補うために、実習の名をかりた極端な長時間勤務が強制され、雑役婦・給仕の仕事まで割り当てられていました。当時は連合軍の占領下にあったので、超勤手当不払いということで労働基準法違反として軍政部から注意を受けていたと記録されているほどの状態でありました。看学生たちは、当然のこと黙っていませんでした。自治会を組織し、ささやかな抵抗と要求運動を起こしていました。病院当局はこの自治会活動のリーダーたちを排除しようとしたのが、不採用の背景であったことは間違いありません。

京大職員組合を中心に産別京都会議や全官公京都地協などの支援の下で、看護学生は病院当局に選考基準の公開を要求しましたが、頑強に拒否され、体を張ってのハンスト戦術を行使することを決意するに至りました。

※荒田一枝（一八歳）京都府宇治郡出身、向仲多津子（一九歳）同与謝郡出身、吉崎幸子（一九歳）同何鹿郡出身、疇倉史子（一九歳）奈良県生駒郡出身、藤原利志恵（二〇歳）広島県御調郡出身……いずれも旧姓。

今でも記憶に鮮明に残っている当時のことに触れたいと思います。彼女たちは気性は強くしっかりしていましたが、いずれも二〇歳以下の若さで農村から看護婦になるために都会に出てきた乙女で、本人も家族も不安を抱いていたことは間違いありません。私は、この中の一人荒田一枝さんの両親に面会を求められ、「娘のことをよろしくお願いします」と真剣な面持ちで訴えられたことは忘れることは出来ません。私たちが取り組んでいる学生運動がこうした働く人々に大きな影響をもつことを、身をもって感じたものです。どうしてもこの闘いを勝利に導きたいと決意を新たにしたことを覚えています。

闘った看護学生たちも厳しい日々を経て、多くの経験を重ね、大衆の前で訴えをするなど社会的にも大きな成長を果たしてきました。総長、病院長など大学・病院当局者に対しても、堂々と要望や抗議をする姿は忘れられません。残念ながら不採用を撤回することは出来ませんでしたが、後日一九六〇年代の日赤ストと呼ばれる医療労働者の人権を守り、労働条件改善の闘いの嚆矢としての歴史的業績を果たしたものと確信しています。二〇年以上時の流れを経て六名の一人と民医連の会合で顔を合わせる機会があり、青春の思い出を語り合ったことがありました。お互いに医療の民主化のために頑張ろうと誓いました。六名が健康であればどこかできっとそれぞれの立場で頑張っておられることを確信しています。

〈回想2〉獄中闘争の経験と教訓

看護学生不採用反対の闘いは、学生・教職員の強力な支援と結合するなかで、病院当局と交渉に当たった私を含めた三学生の京都市警察の逮捕によって新たな段階を迎えました。闘いは学園の自治を守る反ファッショ闘争へとその目標が大きく転換し、全国的学生運動へと結合しました。私にとっても全く予想もしていない事態に直面し、このことは以後の人生行路にも決定的な影響を与える事象となりました。しかし一面、来るものが来たといった心境にあり、母親のことは少しばかり気になりましたが、今更たじろぐことはないと自分に言い聞かせ、精神的動揺はあまり感じられず、開き直った自分を感じていました。何ら想像もしていない新しい体験に次々と向かい合わねばならないので、戸惑うことはあったものの、戦中の先輩たちの経験からみれば、比較にならぬと楽天的気分でありました。思い出すままに捕らわれの身の足取りを記述しておきます。

最初に今でも印象に残っているのは逮捕の場面であります。病院当局者と仲介の労をとられた五人の学部長教授とテーブルに着き、交渉のやり取りをしているところに、突然刑事が逮捕状を持って入ってきました。その場の議長を務めていた法学部学生の乾君が、騒然とした雰囲気と対照的なソフトな口調で、「刑事訴訟法第一九九条、二〇〇条、二〇一条により、担当官は身分を明らかにし、逮捕状を明示し、朗読して本人に提示して下さい」と淡々とした態度で発言しました。さすが法学部の学生だと、これから引き取られていく身分でありながら感銘を受けたことを鮮明に覚えています。私は交渉委員として仲介の五教授に対して、こうした事態は大学として許していいのですかと詰問しましたが、当然何一つ発言されず、重苦しい表情で黙認されました。以後のことはほとんど記憶に残っていませんが、騒然とした雰囲気のなかで、学生のインターナショナルの歌声を耳にしながら護送されました。

三学生は、個別に分離されて各警察署に護送され、私は五条署の未決の一室に収容されました。いわゆる〝豚箱〟入りで、〝臭い飯〟をいただくことになりました。その後の詳細は記憶に残っていませんが、以後五月二八日の釈放まで検察庁に送られ、全部で一〇日間の獄中生活をすることになります。

獄中生活はどうあるべきか誰からも教えられていませんので、戦前・戦中獄中で闘った日本共産党員の徳田球一、志賀義雄、宮本顕治等先輩たちの書き残したものの中で、記憶に残っていたことを思い出し、行動の指針とする以外にありませんでした。自由を拘束されている環境でも精一杯闘っていくことを忘れないこと、階級裁判には法廷で言論で闘い、不当な訊問には拒否権を行使することを心に銘じていました。

前者については、特に逮捕前から日夜を分かたぬ活動のため、体力も些《いささ》か疲労に陥っていたので、体力回復のために日々の生活に関する要求活動をすることを考え、特に臀部、陰部の皮膚に広がって悩まされていた疥癬《かいせん》病の治療のため、疥癬風呂を粘り強く要求し、遂に実現することになりました。その結果、釈放時には症状の改善を見ることになりました。余談になりますが、当時医学部長をしておられた薬理学教授の荻生規矩夫先生（前述）が、わざわざ治療薬を差し入れして下さったというおまけもついていました。

後者については、検事調書を取られる時のことを今でも鮮明に記憶しています。担当した大江検事は、鋭い目つきを輝かしながら詰問してきました。入口は淡々としていましたが、次第に核心に入り、菊池病院長が多数の学生に囲まれて、身辺の自由が奪われる状態にあったということを認めさせようと、巧妙に質問を組み立ててきました。その時はっと、これは強要罪を認めさせるためと気付き、これまでの調書を撤回するよう頑張りました。後から考えてみるに、全面的に黙秘権を行使すべきだったと反省したものです。先輩達の書き残したものに、インテリは特に論理的誘導に弱いので、全面黙秘が最も有効な戦術だと教えていたことが思い出されました。

学園に警官が入り、学生運動のリーダーが逮捕されたことは、京都はもちろんのこと全国的にも注目を浴び、私たちを支援する世論が高まっていました。このことを反映したエピソードを紹介しておきます。検察庁の監房を監視するメンバーの中に立命館大学の夜間部の学生がいて、定期的見回りに際して、密かに私に声をかけ激励してくれました。逮捕後の京大全学学生大会の様子や、新聞記事の取り扱いなど逐一話してくれました。彼は、末川博総長の民法の講義を受けているとのことでした。

こうした中で、後日知らされたことですが、京大滝川法学部長（戦前の滝川事件の当事者）はじめ各部長が顔を連ねて、われわれの釈放の請願に検察庁に出かけたとのことです。事態は急展開し、「本件は学内問題として処理し、刑事事件とはしない」との趣旨で、一〇日後に釈放されることになりました。学友や関係者が温かく迎えてくれたことは忘れることは出来ません。

〈回想3〉学園への警察権力導入と事件終結への道

私たちが逮捕されるまでは、京大全学的学生組織である同学会は、看護学生不採用反対の闘いには協力する方針を取らず、むしろ批判的態度に終始していました。しかし、事態が大きく変化した中で同学会も、この運動を推進してきた京大全学共闘委員会と共同行動をとる姿勢に変わり、学園に警察権力を導入した大学当局の責任追及、三学生の即時釈放へと前進しました。

すべての学部、教室では学生のみならず教職員が、学園の民主化について、真剣な話し合いが広がりました。それは、大学の管理機構から各教室の運営に至るまで議論が活発に行われました。『京大史記』の「学生運動史」にも以下のように記述されています（七六六頁）。「これら一連の事件（京大病院事件…筆者注）は、大学法案反対運動を始めとする学生運動への規制強化の動きが、警察権の学内導入という形を伴ったもので、戦後の本学における最初の大事件であった。また、これを機に、大学の自治について盛んに議論が行われたという意味でも、大きな事件であった。」当時の学内の様相を伝えるために、『学園新聞』の号外第二号の原文（縮刷版ではなく、西山卯三氏保存の貴重な資料）を全文掲載します（次頁）。

看護学生の問題がこのような展開をするとは、私たちは予想だにできなかったことでした。しかし、事態は必ずしも一直線に展開したわけではありませんでした。それは、第三の段階ともいえる困難で複雑な道でありました。五月二八〜三〇日に東京で開催された全学連大会は、「三学生の獄中からの訴え」を含めた京大全学共闘委員会の報告を受け、全国的な反ファッショの闘いと位置づけ、京都で全国学生大会を開催する決定をするまでに至りました。

六月三日、全学連大会は約一五〇名の全国学生代表によって京大時計台前で行われましたが、事前の京大当局との会場許可交渉が結論を得ないままとなり、不許可のまま集会が行われる事態となりました。当局は不許可の強硬姿勢を変えず、繰り返す大衆交渉に対して、マイクの電源を切るという強硬策に出ました。当然激

京大学生のデモ行進（1949年）

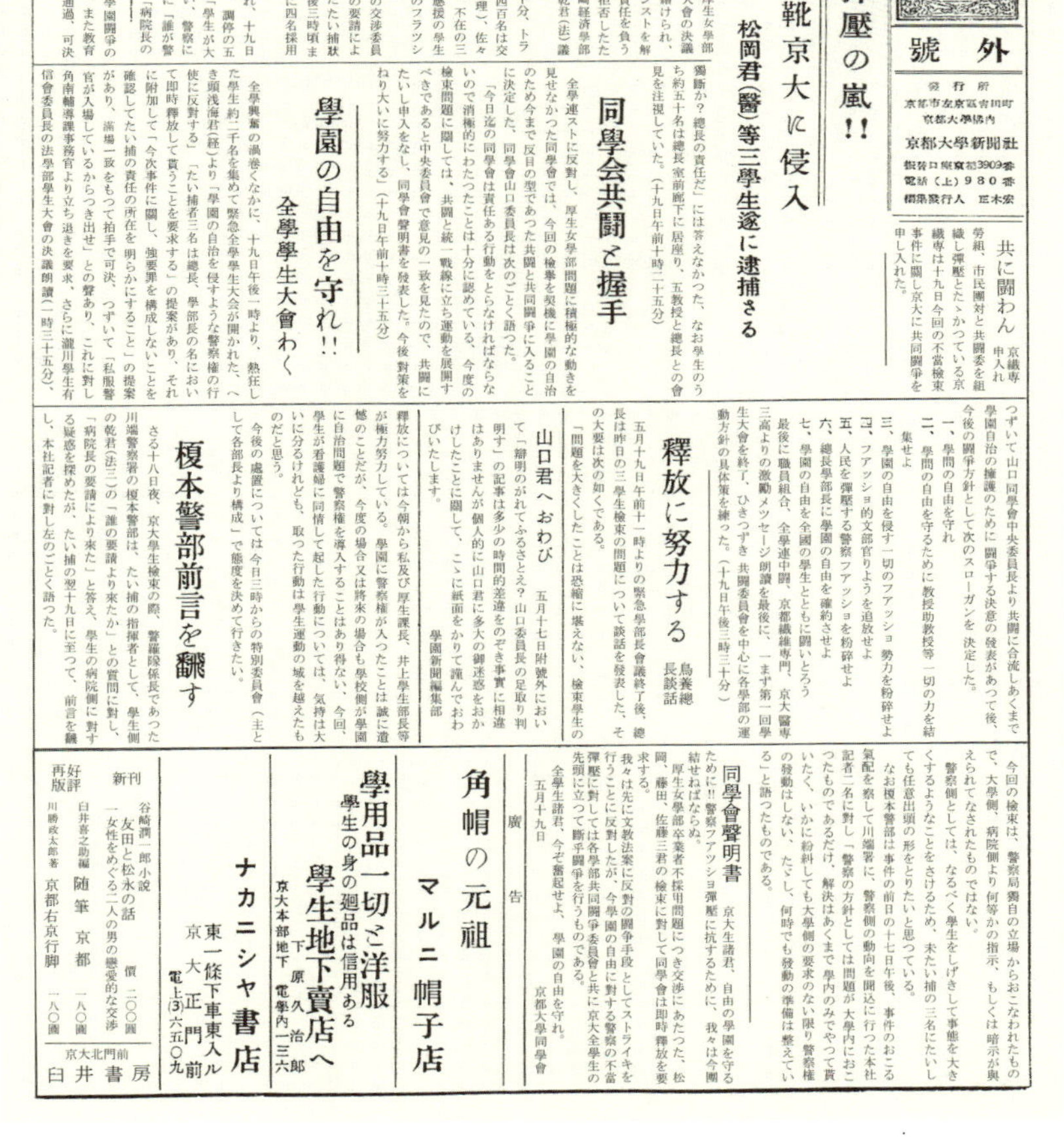

（1）　昭和24年5月20日　學園新聞　（號外第二號）

學園新聞
號外
發行所
京都市左京區吉田町
京都大學構内
京都大學新聞社
振替口座京都3909番
電話（上）980番
編集發行人　巨木宏

再び来る學園彈壓の嵐!!

警官のどろ靴京大に侵入

松岡君（醫）等三學生遂に逮捕さる

本紙既報＝ふたたびハンストに入った京大厚生女學部問題は、十一日より續々と行われた各學部學生大會の決議にもとずいて學生數百名と病院側の交渉が連日續けられ、十七日夕刻ついに四名採用の点で一應妥結しハンストを解いた。ところが不誠意にも院長は「妥結の点は責任を負うが學生との交渉には應ぜられず」と正式調印を拒否したため事態は悪化し、十八日、學生側交渉委員は豊崎経済學部長をはじめ、五教授調停の下に病院事務官室で乾君（法）議長となり交渉が再開された。

院長正式調印を拒否し續けるうち午後八時四十分、トラツク四台に分乘した市警および國警の警官、約四百名は交習室になだれ込み、松岡（醫）、藤田（文）、佐藤（理）、佐々木、浅野、小川の六學生のたい捕狀をつきつけ、不在の三學生を除き、松岡、佐藤、藤田の三君を檢束、應援の學生約二百のインターの合唱とニユースカメラマンのフラツシユの中を川端署へと引あげた。

同病院に亂入したのは誰の要請によるか」との交渉委員の問に答えて、榎本川端署警羅隊係長は「院長の要請による」と語り、京都地裁松本裁判間より發せられたたい捕狀の内容は「五月十六日午後三時頃より十七日午後三時頃まで院長の週邊を圍ぎょうし、外出を妨げ、ついに四名採用を強要したため」であった。

引續き十九日未明にわたり學生會議が續行され、十九日全學々生大會を開催すること等を決議する一方、調停の五教授は本部事務局長室にて總長と會見した結果「學生が大學行政に關與すべきでない、院長に調印させない、警察には穏便に取扱うよう要請する」の談を得、さらに「誰が警察を呼んだか」の問には「知らない」と答え、「病院長の獨斷か？總長の責任だ」には答えなかった、なお學生のうち約五十名は總長室前廊下に居座り、五教授と總長との會見を注視していた。（十九日午前十時二十五分）

兩法案衆院通過

全國に擴がった學園闘爭の主な原因である國立學校設置法案は十八日午後、また教育職員免許法案は十六日午後共に衆議院本會議を通過、可決され、参院文部委員會で審議中である。

共に闘わん　京織專申入れ

勞組、市民團対と共闘委を組織し彈壓とたゝかつている京織專は十九日今回の不當檢束事件に關し京大に共同闘爭を申し入れた。

同學会共闘と握手

全學連ストに反對し、厚生女學部問題に積極的な動きを見せなかった同學會では、今回の檢擧を契機に學園の自治のため今まで反目の型であった共闘と共同闘爭に入ることに決定した。同學會山口委員長は次のごとく語った。

「今日迄の同學會は責任ある行動をとらなければならないので消極的にわたったことは十分に認めている、今度の檢束問題に關しては、共闘と統一戦線に立ち運動を展開すべきであると中央委員會で意見の一致を見たので、共闘にたいし申入をなし、同學會聲明書を發表した。今後對策をねり大いに努力する」（十九日午前十時三十五分）

學園の自由を守れ!!

全學學生大會わく

全學興奮の渦巻くなかに、十九日午後一時より、熱狂した學生約二千名を集めて緊急全學學生大会が開かれた、へき頭浅海君（経）より「學園の自治を侵すような警察權の行使に反對する」「たい捕者三名は總長、學部長の名において即時釋放して貰うことを要求する」の提案があり、それに附加して「今次事件に關し、強要罪を構成しないことを確認してたい捕の責任の所在を明らかにすること」の提案があり、滿場一致をもつて拍手で可決、つずいて「私服警官が入場しているからつき出せ」との聲あり、これに對し角南輔導課事務官より立ち退きを要求、さらに瀧川學生有信會委員長の法學部學生大會の決議朗讀（一時三十五分）、つずいて山口同學會中央委員長より共闘に合流しあくまで學園自治の擁護のために闘爭する決意の發表があつて後、今後の闘爭方針として次のスローガンを決定した。

一、學問の自由を守れ
二、學問の自由を守るために教授助教授等一切の力を結集せよ
三、學園の自由を侵す一切のファッショ勢力を粉碎せよ
四、ファッショ的文部官りようを追放せよ
五、人民を彈壓する警察ファッショを粉碎せよ
六、總長學部長に學園の自由を確約させよ
七、學園の自由を全國の學生とともに闘いとろう

最後に職員組合、全學連中闘、京都繊維專門、京大醫專三高よりの激勵メッセージ朗讀を最後に、一まず第一回學生大會を終了、ひきつずき共闘委員會を中心に各學部の運動方針の具体策を練った。（十九日午後三時三十分）

釋放に努力する　鳥養總長談話

五月十九日午前十一時よりの緊急學部長會議終了後、總長は昨日の三學生檢束の問題について談話を發表した、その大要は次の如くである。

「問題を大きくしたことは恐縮に堪えない、檢束學生の釋放については今朝から私及び厚生課長、井上學生部長等が極力努力している。學園に警察權が入ったことは誠に遺憾のことだが、今度の場合又は將來の場合も學校側が學園に自治問題で警察權を導入することはあり得ない、今回、學生が看護婦に同情して起した行動については、氣持は大いに分るけれども、取った行動は學生運動の域を越えたものだと思う。

今後の處置については今日三時からの特別委員會（主として各部長より構成」で態度を決めて行きたい。

山口君へおわび

五月十七日附號外において「辯明のがれてふるさとえ？山口委員長の足取り判明す」の記事は多少の時間的差違をのぞき事實に相違はありませんが個人的に山口君に多大の御迷惑をおかけしたことに關して、こゝに紙面をかりて謹んでおわびいたします。

學園新聞編集部

榎本警部前言を飜す

さる十八日夜、京大學生檢束の際、警羅隊係長であった川端警察署の榎本警部は、たい捕の指揮者として、學生側の乾君（法三）の「誰の要請より來たか」との質問に對し、「病院長の要請により來た」と答え、學生の病院側に對する疑惑を探めたが、たい捕の翌十九日に至つて、前言を飜し、本社記者に對し左のごとく語った。

今回の檢束は、警察局獨自の立場からおこなわれたもので、大學側、病院側より何等かの指示、もしくは暗示が與えられてなされたものではない。

警察側としては、なるべく學生をしげきして事態を大きくするようなことをさけるため、未たい捕の三名にたいしても任意出頭の形をとりたいと思っている。

なお榎本警部は事件の前日の十七日午後、事件のおこる氣配を察して川端署に、警察側の動向を聞込に行った本社記者二名に對し「警察の方針としては問題が大學内におこつたものであるだけ、解決はあくまで學内のみでやつて貰いたく、いかに紛糾しても大學側の要求のない限り警察權の發動はしない、たゞし、何時でも發動の準備は整えている」と語つたものである。

同學會聲明書

京大生諸君、自由の學園を守るために!! 警察ファッショ彈壓に抗するために、我々は今團結せねばならぬ。

厚生女學部卒業者不採用問題につき交渉にあたった、松岡、藤田、佐藤三君の檢束に對して同學會は即時釋放を要求する。

我々は先に文教法案に反對の闘爭手段としてストライキを行うことに反對したが、今學園の自由に對する警察の不當彈壓に對しては各學部共同闘爭委員會と共に京大全學生の先頭に立つて斷乎闘爭を行うものである。

全學生諸君、今ぞ奮起せよ、學園の自由を守れ。

五月十九日　京都大學同學會

『学園新聞』号外第二号　昭和24年5月20日

昭和24年5月20日　學園新聞　（2）

うわさ飛ぶ　たい捕の眞相

今回の京大病院における學生たい捕事件について、大學側ははつきり病院または大學において警察をよび入れたものではないと言明しているが、學生間ではこれに十分な納得がゆかず、專ら一部大學當局者が警察を學内に呼び入れたものであるとの判斷をしており、その直接の當事者として内藤庶務課長と武間病院事務長に疑惑の眼を向けている。すなわち事件のおこつた前々日から病院との交渉のために應援ハンストにかけつけた學生に對し、前日の十七日正午ごろに至つて、内藤庶務課長は總長東上不在中に拘らず、總長名をもつて退去を要求したが、學生側はこれに應ぜぬため、「斷乎たる處置により君たちを退去せしめる」と言明しており、また警察側は「大學當局の要請のない限り警察權の發動はやらない」と述べていたことなどから、右のごとく決論したもので、その責任は總長も免れないとの風評が專らである。

絶対そんなことはない

内藤庶務課長談

これについて内藤課長は次のごとく語つた。

「大分そんな噂が高まつてるようだが、私が學生諸君に退去を要求したのは事件が不穩な方向に發展することを避けるためで、本學に職を奉ずる私がどうして進んで警官を入れるようなことをしようか、私はこんな噂が立つことを憂え、川端署長にも會つてそうでないことをたしかめておいた、私の首をかけてそんなことはないと確認したい」

責任あくまで追求

第二回全學々生大會

再開された學生大會では總長はじめ各學部長の發言を求める聲強く、これを教授側に申入れたところ、瀧川法學部長は教授の出る筋でないと拒絶、總長もこれに同調し、他の各部長は黙して應じなかつた。この態度におさまらない學生側は、大會の聲を直接聞いて貰おうと會場を本部前廣場に移し、議長を法學部乾君から經經學部三浦君に引繼ぎ斗爭の第一歩として資金カンパ、四時三十分頃豪雨のため五時十五分より法經第一教室に移つて再開、原文學部長より學生側の冷靜な態度を條件として出席を承諾し、大要次のごとく語つた。

學生の熱意は認めるが激しすぎたうらみがある、もつと反省的行動してもらい、學生と教授は對立すべきものでなく、互に誠意を認めあい、同じ目的のために協力したいものである、かくて大會は最終段階に入り、學園の自治を守ること、總長、教授の責任において、三名の即時開放を要求すること、を決議し宣言文を採擇した。學生側は原教授の言に代表される教授側の無責任な態度に憤激し、總長の責任ある言明を要求してやまなかつたが、次の行動のために、やむなく六時三十分大會を閉じた。

なお電產、日教組、全官公勞、全通在日朝連より共同して斗う旨のメツセージがおくられた。

學内に私服警官入り込む?

未檢束の三人については市警側が足どりを嚴探中らしく、某學部掲示場に淺野徳太郎（未檢束の一人）至急事務室まで來られたしの五月十九日附のビラ等があり事務員の話では十九日朝警察官が來たといい、學内に相當私服警官が入つているものとみられている。

職組共闘に合流す

京都大學職員組合は今回の檢束事件につき、十九日午後〇時三〇分中央執行委員長の名を以て鳥養總長に左のごとき要求書を提出した。

要 求 書

一、拘留學生即時釋放および未拘留學生のたい捕令默解消のこと

一、官憲をチン入させ學園の自治を破壊せる責任者を嚴重に追求し處分すること

一、今後學内問題の交渉に官憲を一さい介入させぬこと

以上三項を中央代議員の決議を以て要求する

昭和二十四年五月十九日

なお、職組はたゞちに闘爭委員會をつくり學生側共闘委に合流することを決定した。

續々開く學生大會

厚生女學部問題にからむ京大學生松岡（醫）、藤田（文）、佐藤（理）三君の不當檢束事件に關し、十九日午前十時より各學部夫々學生大會を開いた。

經済學部

學園の自治を守れと滿場一致で次の決議をなした、參集二百名。

この問題は全國的な學園反動權力の表れであるから、それを根本的に打倒するためには三名の拘束者の釋放を延してでも、先ず學内の戰線を統一、總長に責任ある態度を要請し、一丸となつて反動的フアツシヨ權力に當り、かつこのことを全國學生に訴えて、けつ起を促さねばならない、さらに教授會の名において學園問題には警察の介入を許さず、學園の完全な自由と自治を確保する旨の聲明書を發表することをもうし入れる。

文學部

三百五十名の學生參加のもとに開催、たゞちに議題に入つたが滿場一致して次の五ケ條を決議した。

一、總長の責任において三名の釋放を行うことを要求する。二、事件當時學生側の行動には何らの犯罪構成要件なきことを確認する。三、總長、病院長の責任を徹底的に追及し、各學部長、輔導課長、庶務課長に對しふたたび警官が學園内に侵入しないよう努めることを確認させる。四、當然のことながらこの問題を全國的視野において取り上げる。五、全學共同闘爭委員會に加入し全學共同闘爭委員會に加入し全學統一に努力する。六、全學學生大會に參加する。

醫學部

學生二百名出席のもと拘束者の即時釋放要求と今回の事件は、不當彈壓であり全學的問題として斗うことを議決、學内の問題と學外權力によつて解決せんとする自治の精神をわきまえぬ傾向を斷呼放する、の決議文を發表した。

『学園新聞』号外第二号　昭和24年5月20日

昂する学生代表は、遂に本部大ホールへの座り込み戦術をとる結果となりました。二日間にわたる学外の民主団体からも支援を受けた行動でしたが、学生間に疲労も重なり、学内での闘いの展望も見出せないので、六月五日午後六時から円山音楽堂に於ける日本共産党の野坂参三を迎える「民族独立の夕」に参加した約一万人に「京大病院事件」の真相を訴え、全国の学生にこのことを明らかにすることを誓い、解散することになりました。

このことにより、全学共闘委員会と握手をするまでに関係が改善していた同学会との関係は再び悪化し、全学連脱退を宣言するまでに変わりました。この間、一般学生は正に困惑の表情と行動を示していましたが、私たち運動の中心にいた者も苦しい立場にあり、以後の展望を追求するのに苦労したことを思い出します。

夏休みに入る時期、七月一八日京大当局は、懲罰委員会を開き二名の放学と私を含めた四名の無期停学を決定し、この事件の幕を一応閉ざすことになりました。

無期停学処分解除への道

私は、社会の変革を目指す道に足を踏み出した以上は、種々の困難や犠牲は覚悟していたものの「無期停学」という処分を受けてみると、良い医者になるという目的地への道程の遠くなったことには、些《いささ》かの心理的な打撃を受けたことは隠せませんでした。しかし、すごすごと郷里に逃避することなど出来ません。処分の不当性を訴えて、その撤回の運動のため大学に身を置いて学友の支援を得るための活動の先頭に立たざるを得ませんでした。同時に、今回の運動を通じて学生自治会の在り方や大学の民主化への学生並びに教職員の意識の高まりを更に前進させる活動に取り組む必要もありました。私個人にとっては、それまでは一活動家であったものが、全学的な指導メンバーの仲間入りをすることになりました。共産党京大細胞（現在の支部）では、指導部（leading committee―LCと呼んでいた）のメンバーに選ばれました。

以後の私の取り組んだ活動の概要を振り返ってみたいと思います。それは大きく分けて二つの課題でありました。

第一の課題は、京大学生の全学的自治組織の再建でありました。戦前からの旧来型の校友会と戦後に生まれた自治会とが混在した性格の同学会と、各学部に生まれた学部自治会とを統一し、真に全学的総合的学生自治会の組織へと同学会を改組するという大変な課題でありました。看護学生不採用問題に端を発

學園新聞

成るか全学自治会

同学会改選近く決行

既報＝難航に難航を続けた京大同学会改組問題は、数回にわたる同学会と各学部自治会との連絡会議の後、このほどようやく十一章八十條からなる改組案を完成、いよいよ全学生の衆望を担って十一月初旬改選の運びとなった、主な條項を要約すれば左の通りである（第三條）会員は京都大学の学生とす（第六條）全学々生投票はその有効投票数の三分の一以上に達したときは全学々生々徒の最高意思決定であり、有効投票の過半数の決定により効力を有する、全学々生大会は会員二千名以上の出席をもって成立する、（第十一條、第十二條、第十三條）代議員会は本会の最高決議機関であり、全学員五十名につき一名の割合で選出され、任期は一年で、選出地区の全会員の六分の一以上に解職を請求され、同地区三分の一以上の投票を得てその過半数の決議により罷免される、（第三十條）執行委員会は代議員会の決議にもとずき本会の会務を執行する、（第五十六條）代議員会の決議は終局的に各学部自治会を拘束しない、（第六十條）学生自治に関する重要事項につき教職員学生協議会をもつ

なお同学会案と各学部自治会との間に物議をかもし、削除された主要点は、会員の中に特別会員（文部教官、事務官）を設けることと、中央執行委員会が常時大学補導委員会と連絡協議するという條文でなお運動文化部は特別会員を除くことにより、会計において十二万円の減収となるところからこの條項に関して強力に反対している

1949年10月21日『学園新聞』より

した京大病院事件とその後の警官の学内乱入に対する学園の自治をめぐる全学的な民主化闘争の中で、全学生の意思を結集する上で、同学会の無力さが明らかになりました。これを改組し自治組織として強化することは、多くの学生の声となっていた課題であり避けては通れない道程でもありました。

第二は、受講の権利を奪われる中で、医師を目指す道を探求することでありました。信頼していた先輩の片桐学氏の指導と援助の下で、京都市内の紫野診療所（北病院―京都民医連加盟―の前身）の夜間診療の手伝いをしながら、医の道に身を置くことでありました。これについては次節で詳しく記述することとし、ここでは第一の課題について少し詳しく記述しておきたいと思います。

京大全学生の真の自治組織への同学会改組への歩み

すでに述べたように京大病院事件を経過する中で、それまでの同学会が京大生の意思や要求を総合し、行動に移す全学的な学生自治会としての性格に弱点を持っている組織であったことが全面的に明らかになり、これの克服が急務となったことは、大多数の学生並びに教職員の共通認識となりました。このことは、経済学部自治会はじめ各学部自治会から全学的な自治組織としての本来の姿を求める声が高まり、自治会連合への志向となって現実化してきました。この動きは、同学会に対する不信の意思表示としても表れるようになりました。一九四九年（昭和二四年）六月末の定期の同学会協議員選挙は、三学部がボイコットする中で行われ、新協議員会も各学部自治会と改組について話し合いを行わざるを得ない状態になりました。

同年六月二一日、同学会と各学部自治会の代表により、第一回の改組準備委員会が開かれ、約六カ月にわたるたび重なる議論の末、一〇月末に一一章八〇条の改組案が作成されました。その内容の要点は、学生五〇名に一名の割合で選挙された代議員によって構成される代議員会が全学生の意思決定をする最高決議機関となり、その決議は各学部自治会を拘束しないこと、執行委員会は代議員会の決議により会務を執行すること、教職員と学生は自治に関する協議会を設けることなど画期的で具体的な全学自治組織の規定となりました。

一一月二五日、同学会協議員会は新規則を決定し、解散宣言を発することになりました。一二月五、六、七日に一五〇名の代議員の選挙が行われ、同月一七日最初の代議員会で初代議長細川汀（医）を選出し、二〇名の執行委員を決定、廣谷（経）中央委員長は〝広汎な共同戦線〟を訴える声明を発表しました。

〝廣汎な共同戰線を〟
発足した京大新同学会

京大新同学会は、昨年末、左翼圧倒的勝利のうちに、理事を移り、十二月十七日、執行委員を決定し、廣谷中央委員長の声明を発表しただけで年が明け一月九日、今年初の執行委員会を開いた
新同学会は、いわゆる統一共同戦線を強化し、学生の要求をとり上げ、教職員とともに真の自由と平和のため、廣汎なレジスタンスへの結集を要望している

中央委員長声明要旨　永い間念願しその実現のために苦心して来た真に全学生の意志を反映しうる新しい同学会が今日成立したことは学生諸兄とともに心から喜びたい。経済危機の激化とともに学生生活も悪化し、戦争の危機がふたゝびわれわれにとって切実な問題となりつゝある思想の自由の擁護の学術会議の声明、各地における研究所の閉鎖、授業料滞納者のアルバイト希望者の増加、就職の困難等の事実が明らかに示している
この全般的な危機感は学生のみならず生活、研究の面を通じ職員、教官の中にも起りつゝある。かつてフランスにおいてドイツ軍が迫るや、自由を破壊するたゞ一つの敵に対しすべてのものはレジスタンスに結集したアカデミックな自由の雰囲気ではなく実質的な研究、思想の自由、安定せる生活の上に築かれる真の平和のためには必ず一つの共通点のもとに巾廣く共同してゆくことが出来ると思う

執行委員　中央委員長廣谷（経）副中央委員長増田（理）、総務総務部中央委員熊野（法）、同部委員山脇（工）、調査部委員安部（理）、情報宣傳部委員塚田（法）、渉外部委員坂本（経）、岡田村（農）、会計総部中央委員佃（経）、同委員佐々木（法）、浅田（農）、文化総部中央委員猪木（文）、同委員小島（文）、平田（文）、研究総部中央委員太田（法）、同委員富重（理）宮本（法）、厚生総部中央委員青木（経）、同委員古川（法）八尾（医）

1950年1月16日『学園新聞』より

無期停学処分の解除の経緯

新同学会が誕生し、新執行部の最初の仕事に四名の無期停学処分解除の課題がありました。一九五〇年一月一七日、執行委員会は鳥養学長に処分解除の要望書を提出しました。学長は「学生を処罰すること自体は決してぼくの意図ではない」とし、「関係者にしかるべき処置をとるよう話している」と答えました。その後間もなく解除の方針が大学当局より示されることとなりました。この間の経過の中で、二、三のエピソードがあったことについて、後日談を含めて記述しておくこととします。

一つは私の母にまつわるエピソードであります。これは、京大当局の学生補導に関わっていた旧制高校（六高）の先輩が、後日談としてある私的な会合で話されたことです。私の母が処分学生の父兄の一人として、大学当局者に処分解除を陳情する行動に参加した時のことです。その時期が何時頃であったか覚えていませんが、母は直接鳥養学長に面接した際、「私の息子が一体どの様な悪いことをしたのですか」と問い質し、鳥養学長が返事に窮されるとい

四停学生の処分解除か
世論に京大同学会要望書を提出

昨年五月十六日から起つた京大事件に際し、前後八回におよんで開かれた調査委員会もついに決論を出さず、種々紛糾を重ねたが、七月十九日、懲罰委員会の決定により、二名放学、四名停学処分となった

その後月を経ること六月、各学部学生自治会ではふたたびこの問題が取り上げられ、学長の渡米も伝えられている折柄、早期処分解除を望む声強く、一月十六日の同学会執行委員会は、四停学学生の処分解除の要望書を作成、翌十七日鳥養学長に手交した

適当な処置をとる
鳥養京大学長

学生を処罰することと自体は決してぼくの意図ではない、このことは処罰当時から持っていたし今も変っていない

したがって、このことについては、ずっと前から井上学生部長や…

これらの人にわたしの意図は十分のみこんでくれているので、しかるべく処置をとるように話している解除についても懲戒委にかけねばならぬがまた近いうちにもう一度話すつもりである

冬晴れの京大理学部

1950年1月23日『学園新聞』より

う場面があったと伝えられていました。これは同学会の処分解除要請に対する学長談話と符合する一幕であります。同時に、わが息子は処罰を受けるような悪事を働くことはないと信じ切っていた母の心境を表した一面でもあります。

正確な日時は記録もなく記憶もありませんが、同学会の要請後間もなく、松本補導部長より、反省文を提出するよう指示がありました。私たち四名の無期停学者は、今更詫びる心境にもなく、またそれを表現する行動に出ることも出来ない状態にありました。一方大学当局は、これは一つの形式で、鳥養学長の渡米とも関連し、早く解除する意思があることが伝わってきました。私たちはたびたび議論を重ねた結果、二つの条件を提出し、それが認められれば処分解除のチャンスを利用して、活動を積極的に行おうという結論に達しました。その条件とは、反省文の内容については一切口出ししないこと、文書は公表することでありました。反省文の内容は、ほとんどが大学当局の不当な処置に対する抗議と私たちの主張で占められ、最後の一行に学生諸君に対して、混乱と迷惑をかけたと一定の反省をしている旨を記述しました。私たちはこれは容易に認められない条件と思っていましたが、あっさり受け入れられることになりました。文書は大学の公式表示には記載されないので、ビラにして全学生・職員に配布し、共産党京大細胞の壁新聞に大々的に書き出して公表しました。資料が残っていないので詳細に目を通してもらえないのが残念です。私たち四名の無期停学処分学生は、約六カ月後晴れて講義も受講でき、学生自治会活動にも名実ともに参加できることになり、一時日々が明るくなった気分に満たされたことを思い出します。

一方、この処置を扱った松本補導部長（哲学専攻）は、相当の決意をもって対応されたことと私たちは想像していました。後日、補導部長が更迭され、松本氏は岡山大学の補導部長に左遷？ されることになりました。私たちは松本氏に対し感謝と送別のため、京都駅に出かけ餞別に当時私たちの間で広く読まれていた毛沢東の『整風文献』をお渡しし、別れを惜しみました。数年後、私が医学への再起で郷里岡山に帰り松本氏に挨拶に出かけた際、善人の代表のように思っていた松本氏の最初の発言が京大当局に対する怒りに溢れていたことからも、私たちの想像していたことは真実であったことが確認されました。

民主的診療所活動に参加

当時京都では、人民のための医療をめざす若き医師・看護婦たちの自主的活動と、第一次レッドパージで職場を追われた労働者の活動とが結合し、各地に民主的診療所活動が開始されていました。私の記憶では、最初に取り組まれたのが下京区の労働者街に生まれた九条診療所だったと思います。所長は京大社会医学研究会を創設した吉田克己氏（三重大学医学部名誉教授）で、貧しい地域の労働者を対象とした診療所でありました。私が関係した紫野診療所は、民主主義科学者協会（現在の日本科学者会議の前身）医学部会の高橋先生が、戦前の社会活動家と共に開設された診療所で、二年先輩の片桐学氏がインターン（現在の研修医）を終えて医師の免許を取ってすぐ高橋先生の指導の下で診療に当たっていました。片桐氏は医師としての経験は浅いが患者からの信頼が厚く、熱心な青年医師でした。残念ですが若くして過労死？　されました。私は医師の免許もない医学生（無期停学中）なので、夜間診療の検査の手伝いをしながら、医療の実態を学ぶ道を歩んだことになります。

　こうした活動は次第に広がり、待鳳診療所、川端診療所、上賀茂診療所、加茂川診療所、伏見診療所……などが続き、民主的診療所連合会（略称「民診連」）を結成することになります。実はこの民診連が、戦前の無産者診療所の流れを汲んで、東京のセッツルメント活動経験者や中国からの帰国医師たちの活動と一つに結合して、民医連（全日本民主医療機関連合会）の結成へと発展したことになります。このことを振り返ると、私は民医連の前史に関わったと言っても間違いはありません。

　ここで、ぜひ記録に残しておきたい活動があります。それは、紫野診療所を中心にして西陣地域の住民（西陣織労働者）の健康調査であります。この調査は、民主主義科学者協会京都支部のメンバーの発想で、地域の健康問題を医学・住居・経済の面から総合的に調査研究しようというもので、京都大学の経済学部、医学部、工学部の教師と学生のチームで行われました。当時の京都では、高山義三という弁護士が、京都民主統一戦線（略称〝民統〟）を選挙母体として保守系候補と争い勝利して全国で初めて革新系の市長が生まれ、現在でいう革新首長の嚆矢《こうし》となった時でありました。三グループで協議した上で、高山新市長の調査研究費から援助金をもらって調査活動が始められました。私も紫野診療所の一員として参加し、調査用紙を持って西陣織地域を戸別訪問して回りました。この活動は、以前経験した国鉄労働者の労働実態調査を上回る内容でした。同時にこの活動は、地域に密着した診療所活動の発展に大きな力となりました。紫野診療所は、その活動を量質共に高め、後の北病院へと発展することになります。

まとめの報告書は市長に提出されましたが、参加した私たち学生の手元には残されていませんでした。このたび報告書の原本に目を通したいという念願が叶い、住宅問題を指導された京大工学部建築科教室の西山卯三助教授（当時）の業績が管理されているＮＰＯ西山記念文庫に保管されていることが判明しました。（写真下）

京都市に提出された報告書『西陣企業実態調査書』の全貌は、第一部経済編、第二部保健衛生編、第三部住宅編の三部構成となっており、第一部は京都大学経済調査所に委託され、京大経済学部堀江英一助教授（当時）の指導の下に、京大経済学部学生九名と立命館大学生一名の調査員により、第二部は京大社会医学研究会が受託者となり、京大医学部衛生学

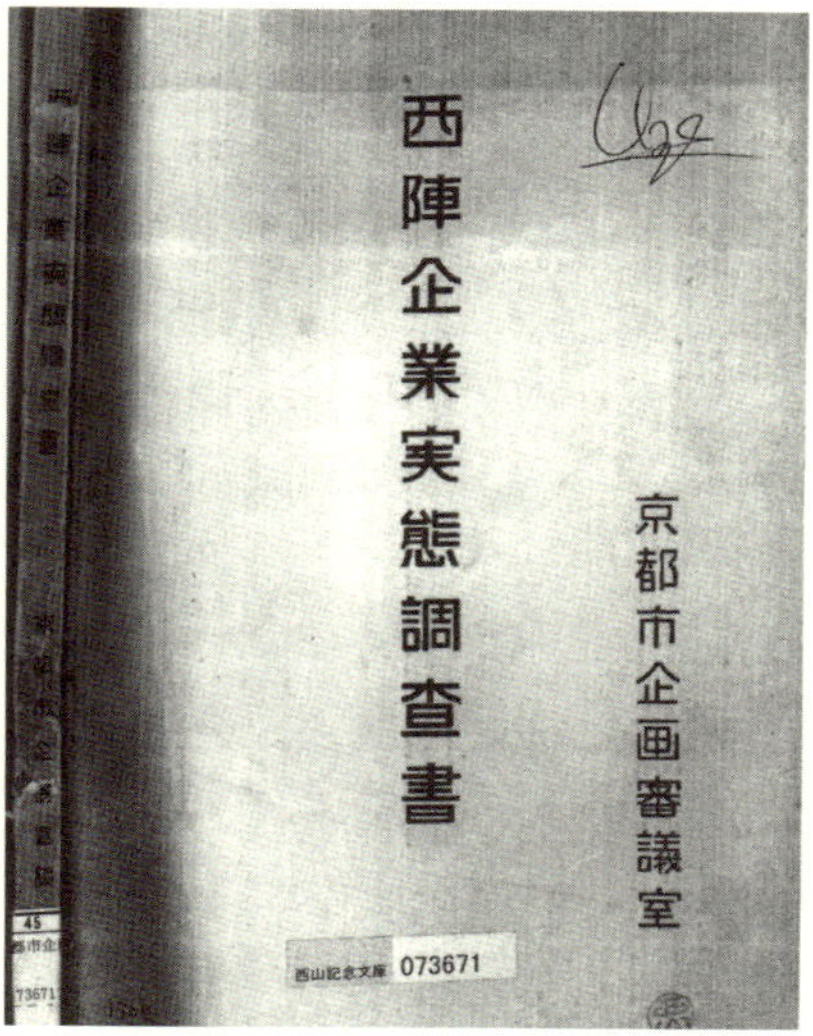

西陣地域の健康調査の報告書

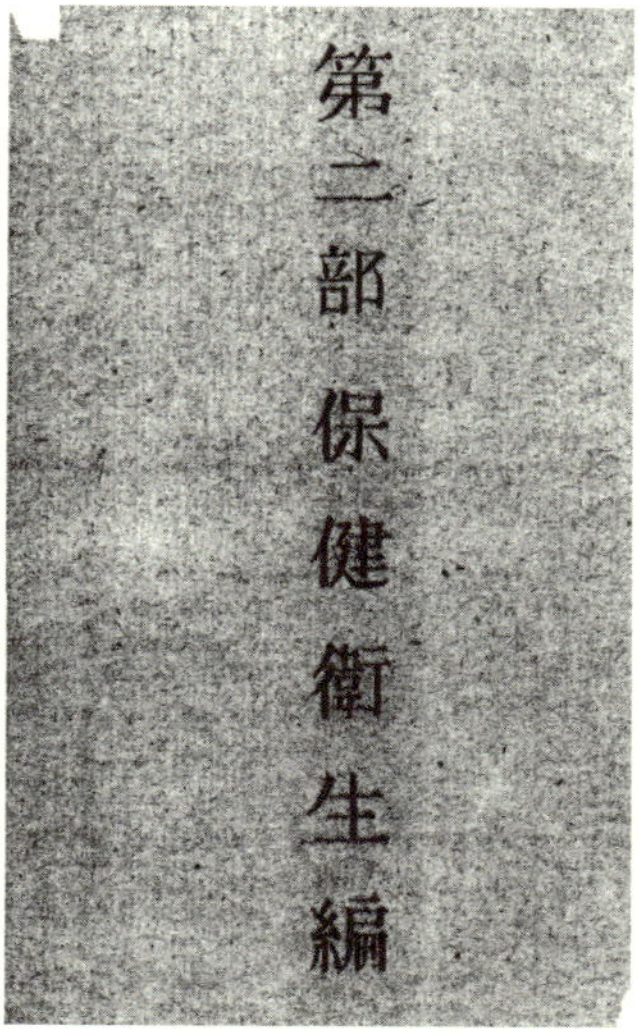

報告書の第二部

西尾雅七助教授（当時）の指導の下に、社会医学研究会員と三回生有志（筆者のクラスメート）六〇名が調査に参加しました。第三部は京大住宅問題研究会が受託者で、指導は京大工学部建築科西山卯三助教授が当たられ、建築科学生二〇名が参加して行われました。以下その中の「第二部　保健衛生部編」の一部を紹介することとします。報告全体は以下の九項目にまとめられています。

（一）医療実態
受診率、持病率、医療費、診療場所、病名・持病分類、医療制度に対する希望、保健所利用率及利用内容

（二）住居、生活環境
一人当たり畳数、寝室、仕事場と居室との境戸の有無、家の所有、給水、便所、風呂、ねずみ・はへ・のみ

（三）学童について（詳細は省略）

（四）主婦の生活実態
主婦の労働時間及その内容、主婦の睡眠時間、主婦の結婚年令、妊娠回数、育児知識

（五）幼児の保育状況
出産時体重、乳児期栄養方法、離乳期栄養方法、現在の遊び場

（六）乳児の保育状況
出産時体重、栄養方法

（七）人口構成及乳幼児死亡率

（八）労働量

同一賃仕事がなされている際のＲＭＲの時間的変化、織布別エネルギー代謝率、タイム・スタディの分類及総消費カロリー計算

（九）摂取栄養量

報告の特徴の一部をあげると、織手の階層を賃織労働者と自営業者（織機の数により四段階に分類）に分けて各項目について比較検討されています。特に住居について、一人当たりの畳数の占有率や、家族構成と寝室の問題など、賃織労働者が保健衛生上悪条件に置かれていることが指摘されていることには感銘を受けます。また、持病（慢性疾患）については、神経痛、リウマチなど職業と労働環境が影響していると思われるものが多いこと、保健衛生の知識が欠如していること、例えば保健所の存在と役割について、何らの知識のないものが多いことなどが指

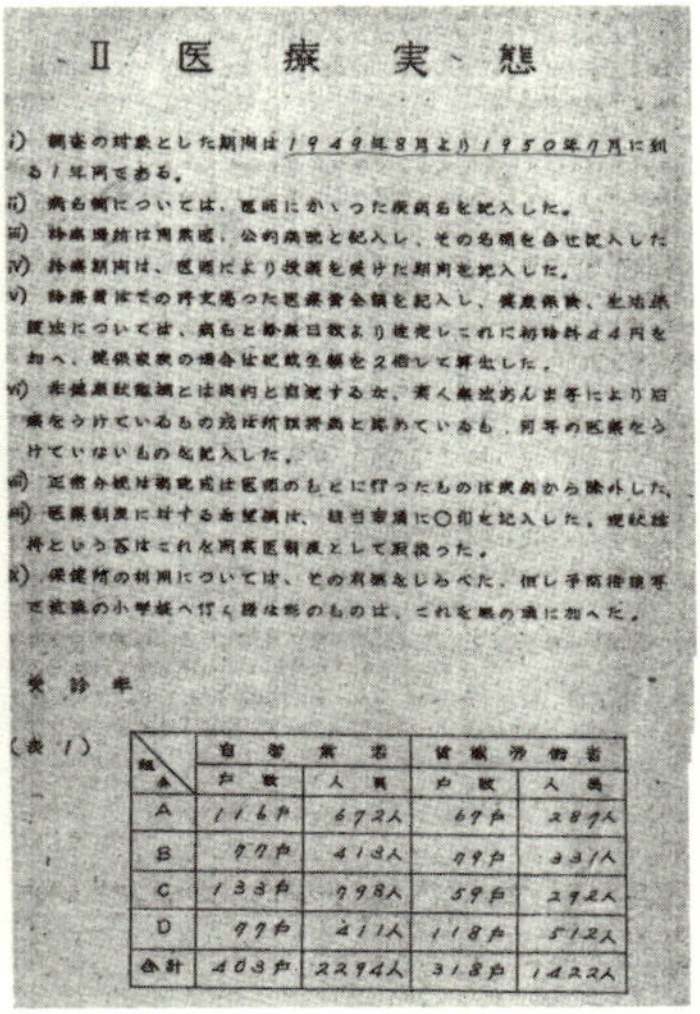

II　医　療　実　態

i) 調査の対象とした期間は1949年8月より1950年7月に到る1年間である。

ii) 病名欄については、医師にかゝった疾病名を記入した。

iii) 診療場所は開業医、公的病院と記入し、その名称を合せ記入した。

iv) 診療期間は、医師により診療を受けた期間を記入した。

v) 診療費はその時支払った医療費全額を記入し、健康保険、生活保護法については、病名と診療日数より推定しこれに初診料44円を加へ、健保家族の場合は総額を2倍して算出した。

vi) 非医療的施療とは売薬と自覚する女、素人鍼灸あんま等により治療をうけているもの或は所謂持病と認めているも、何等の医療をうけていないものを記入した。

vii) 正常分娩は助産婦或は医師のもとに行ったものは疾病から除外した。

viii) 医療制度に対する希望欄は、該当事項に○印を記入した。現状維持という答はこれを開業医制度として取扱った。

ix) 保健所の利用については、その有無をしらべた。但し予防接種等で近隣の小学校へ行く様な形のものは、これを無の項に加へた。

受診率

（表1）

組	自営業者		賃織労働者	
	戸数	人員	戸数	人員
A	116戸	672人	67戸	287人
B	77戸	413人	79戸	331人
C	133戸	798人	59戸	292人
D	77戸	411人	118戸	512人
合計	403戸	2294人	318戸	1422人

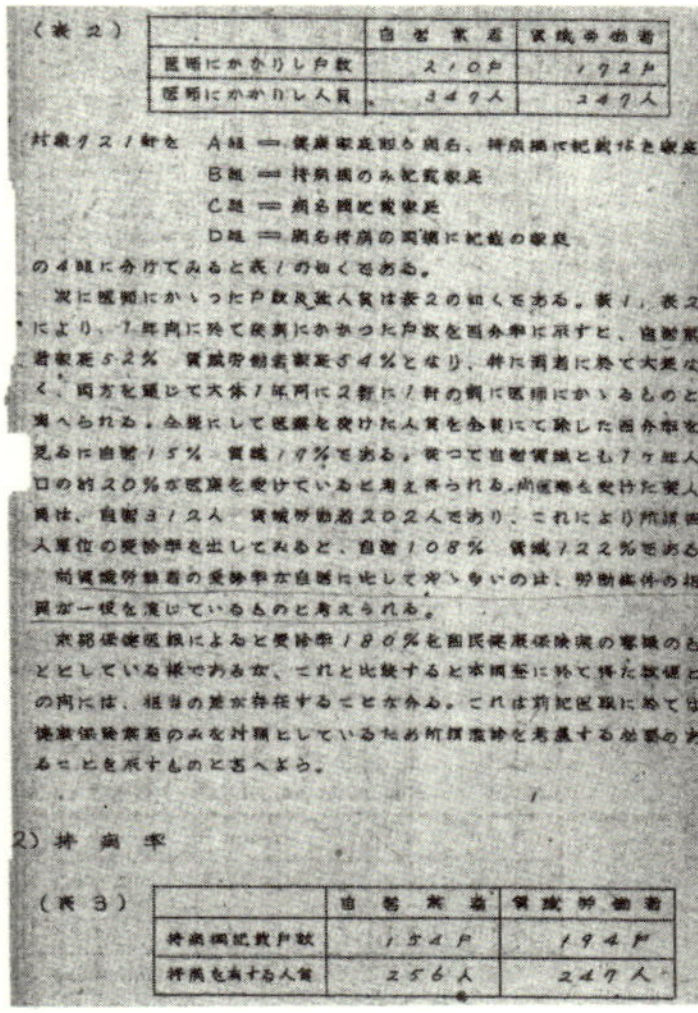

（表2）

	自営業者	賃織労働者
医師にかかりし戸数	210戸	172戸
医師にかかりし人員	347人	247人

対象931軒を　A組 ― 健康保険欄も病名、持病欄に記載なき家庭
B組 ― 持病欄のみ記載家庭
C組 ― 病名欄記載家庭
D組 ― 病名持病の両欄に記載の家庭
の4組に分けてみると表1の如くである。

次に医師にかゝった戸数及び人員は表2の如くである。表1、表2により、1年間に於て疾病にかかった戸数を百分率に示すと、自営業者家庭52%　賃織労働者家庭54%となり、特に両者に於て大差なく、両方を通じて大体1年間に2軒に1軒の割に医師にかゝるものと考へられる。全組にして医療を受けた人員を全員にて除した百分率を見るに自営15%　賃織17%である。従って自営賃織とも1ヶ年人口の約20%が医療を受けていると考え得られる。尚医療を受けた実人員は、自営312人　賃織労働者202人であり、これにより所謂百人単位の受診率を出してみると、自営108%　賃織122%である。

尚賃織労働者の受診率が自営に比してやゝ多いのは、労働条件の相異が一役を演じているものと考えられる。

京都保健医報によると受診率180%を国民健康保険実施の事業のものとしている様であるが、これと比較すると本調査に於て得た数値との間には、相当の差が存在することが分る。これは前記医報に於ては健康保険実施のみを対照としているため所謂潜診を考慮する必要のあることを示すものと云へよう。

2) 持病率

（表3）

	自営業者	賃織労働者
持病欄記載戸数	154戸	194戸
持病を有する人員	256人	247人

『報告書』の医療実態の頁

摘されています。一つ気になることは、長時間労働の問題が、消費エネルギーの面からのみ検討されていることで、現在の労働衛生学的認識からみると問題点と考えられます。しかし、項目の内容が示すように生活と労働の実態が実にリアルに詳細にわたって記述され分析されていることには頭が下がる思いです。

この体験は、私にとっては医師としての生涯に貴重な教訓を与えてくれました。思い出すままに記述しておきたいと思います。

第一は、調査用紙を片手に、ごみごみした西陣織地域の労働者街を一軒一軒訪問し、労働者の生活労働実態を観察し、意見を聞いて記録するという活動方式の重要性を体験したことです。こちらの身分と調査の目的を告げ、項目通りに記述していくのですが、家の間取りから、寝室に寝る家族構成を聞いたり、生活上に関わる大切な家計の内容などを聞くので、嫌がられたり拒否されたりしながら進めました。ここで自らの目で見、鼻で匂い、肌で感じ、言葉で知らされた現実の姿は、表面的な官庁統計や医学書に整然と書きならべられた記録ではとうてい掴《つか》めないリアルな実態を知ることが出来るという貴重なある意味ではショッキングな体験でした。これは、後に私の生涯の愛読書となるエンゲルスの『イギリスにおける労働者階級の状態』を読んだ時、彼の偉大さに感動したことに繋がってい

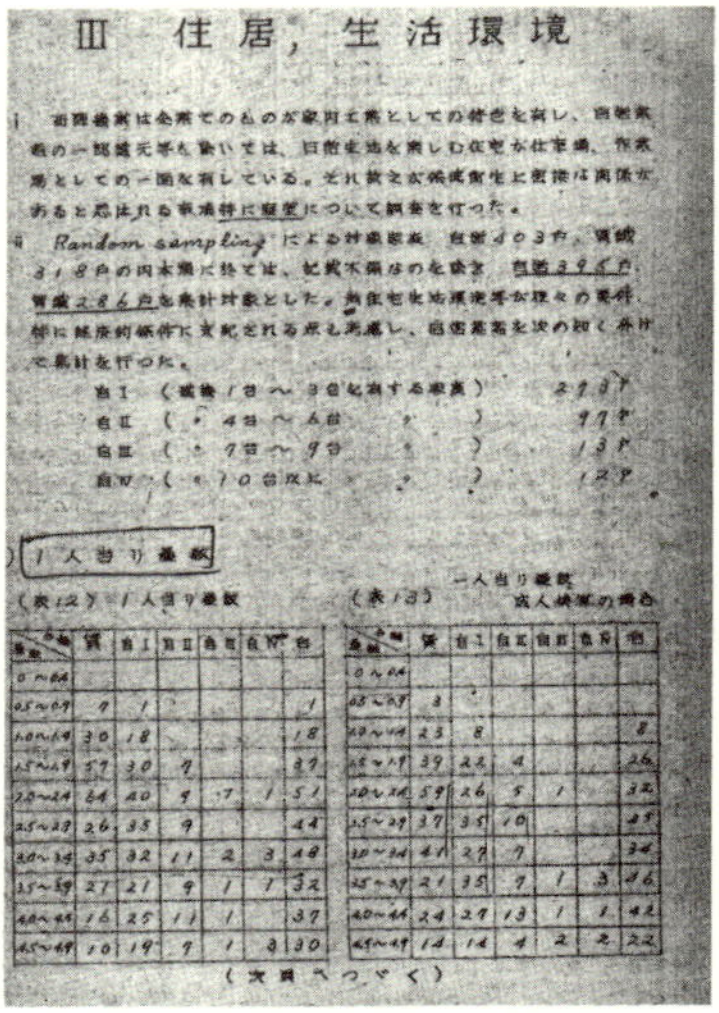

『報告書』の住居、生活環境の頁

ます。エンゲルスが労働者の生活実態を深く具体的に把握しえたのは、彼の伴侶がイギリスの産業革命初期のアイルランド出身の労働運動家の娘であったことが大きな影響を与えていたと想像していました。個々の労働者との深い信頼関係なしには真実は掴《つか》めないという当然のことであります。

第二に、西陣織という日本人の伝統的な衣類を作る産業の社会構造が、マルクスの『資本論』で分析されている手工業―マニュファクチャーに相当し、日本農業の延長線上の社会構造を示しているということです。それは労働手段である織機の所有の在り方によって決定されていることが、実にリアルに理解されました。すなわち、織り手の階級は織元に織機を借りて一台、二台、三台……と家に備えて織っている農業でいう小作人と、自ら織機を所有している自作農に相当するものと、多数の織機を集中し、賃金を支払って織り手を集めて行うごく少数の工場

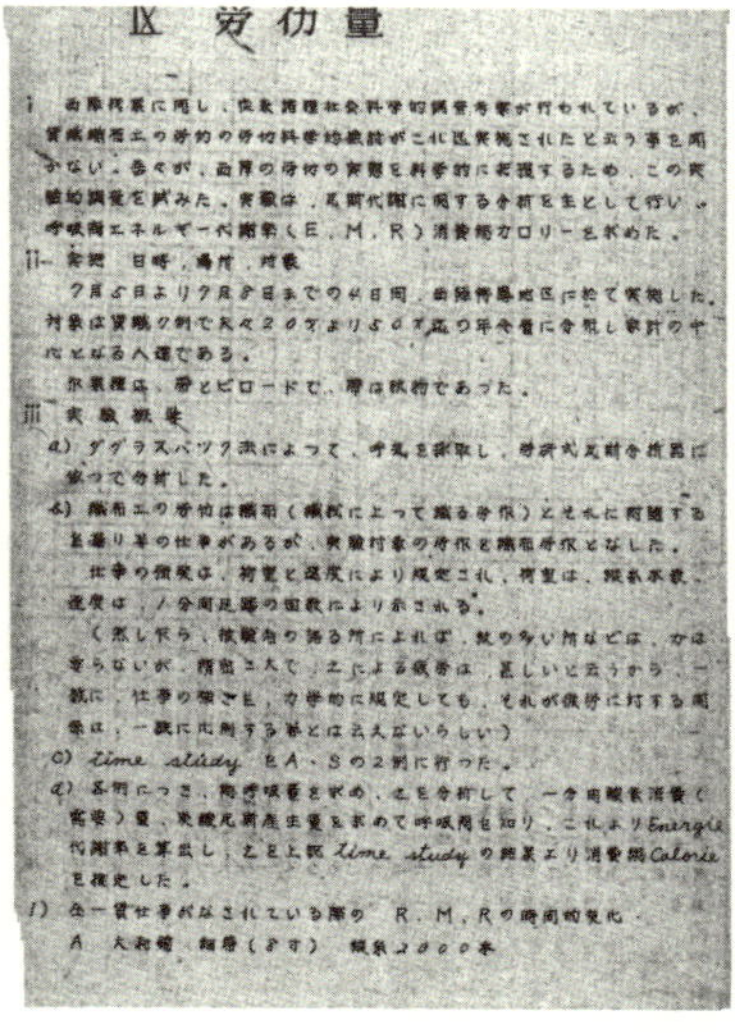

IX 労働量

I 西陣機業に関し、従来諸種社会科学的調査考察が行われているが、賃織機業工の労働の[illegible]科学的検討がこれ迄実施されたと云う事を聞かない。吾々が、西陣の労働の実態を科学的に把握するため、この実験的調査を試みた。実験は、エネルギー代謝に関する分析を主として行い、呼吸商エネルギー代謝率（E．M．R）消費熱カロリーを求めた。

II 実施 日時、場所、対象

7月5日より7月8日までの4日間、西陣[illegible]地区に於て実施した。対象は賃織工で夫々20才より50才迄の年令層に分散し家計の中心となる人達である。

作業種目は、帯とビロードで、帯は紋物であった。

III 実験概要

a) ダグラスバッグ法によって、呼気を採取し、[illegible]式瓦斯分析器に依って分析した。

b) 織布工の労働は織布（織機によって織る動作）とそれに附随する[illegible]の仕事があるが、実験対象の動作を織布動作となした。

仕事の強度は、荷重と速度により規定され、荷重は、[illegible]、速度は、1分間足踏の回数により示される。

（然し乍ら、被験者の語る所によれば、紋の多い所などは、力は要らないが、精神を入れてそれによる疲労は、甚しいと云うから、一概に、仕事の強さを、力学的に規定しても、それが疲労に対する関係は、一義に比例する事とは云えないらしい）

c) time study をA・Sの2例に行った。

d) 各例につき、[illegible]呼気を求め、之を分析して一分間酸素消費（需要）量、炭酸瓦斯産生量を求めて呼吸商を知り、これよりEnergie代謝率を算出し、之と上記time studyの結果より消費総Calorieを推定した。

1) 各一貫仕事がなされている際のR．M．Rの時間的変化

A 大和錦 細帯（8寸） 経糸2000本

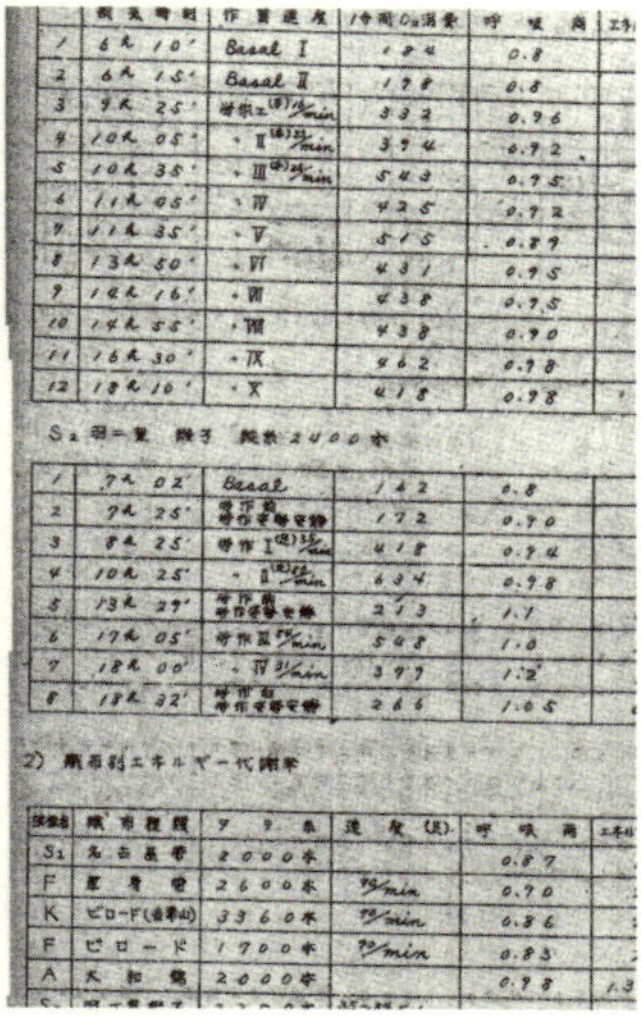

	測定時刻	作業速度	1分間O_2消費	呼吸商	[illegible]
1	6h 10'	Basal I	184	0.8	
2	6h 15'	Basal II	178	0.8	
3	9h 25'	作業I [illegible]/min	332	0.96	
4	10h 05'	〃II [illegible]/min	374	0.72	
5	10h 35'	〃III [illegible]/min	543	0.75	
6	11h 05'	〃IV	425	0.72	
7	11h 35'	〃V	515	0.89	
8	13h 50'	〃VI	431	0.95	
9	14h 16'	〃VII	438	0.75	
10	14h 55'	〃VIII	438	0.90	
11	16h 30'	〃IX	462	0.78	
12	18h 10'	〃X	418	0.98	

S_2 [illegible] 経糸2400本

1	7h 02'	Basal	142	0.8	
2	7h 25'	作業前 作業安静	172	0.90	
3	8h 25'	作業I [illegible]/min	418	0.94	
4	10h 25'	〃II [illegible]/min	634	0.98	
5	13h 29'	作業前 作業安静	213	1.1	
6	17h 05'	作業III 54/min	548	1.0	
7	18h 00'	〃IV 31/min	377	1.2	
8	18h 32'	作業前 作業安静	266	1.05	

2) 織布時エネルギー代謝率

被験者	織布種類	タテ糸	速度(足)	呼吸商	[illegible]
S_1	[illegible]	2000本		0.87	
F	[illegible]	2600本	70/min	0.70	
K	ビロード([illegible])	3360本	70/min	0.86	
F	ビロード	1700本	70/min	0.83	
A	大和錦	2000本		0.98	1.3

『報告書』の労働量の頁

主と分類されることが手に取るように理解されます。社会科学の生きた実習を体験したことになりました。

全面講和運動盛り上がる

新同学会の次の大きな仕事は、全面講和促進運動でありました。一九四九年一一月、アメリカ国務省が対日講和条約検討中と発表してから講和論争が活発化しました。南原繁東大総長が全面講和を主張し、学界をはじめとして国内世論に大きな影響力を与えました。吉田茂首相がこれに対して〝曲学阿世の徒〟と非難を浴びせ、講和論争は更に高まりました。一方、ＣＩＥ（民間教育局）顧問のイールズは、大学から赤色教授を追放せよとのいわゆるイールズ声明を発し、東北大、北大を始め全国各大学で反対運動を引き起こし、全学連はレッドパージ反対宣言を発し、全国の学生に呼びかけました。

京大同学会は、一九五〇年二月、全学の学生・教職員あげて、全面講和促進委員会を組織し、意思表示としての平和投票を呼びかけました。五月一五日より六日間で総回収五四一七票を集計し、その内容を五月二三日の二〇〇〇人余の平和大会で発表しました。その集計については次の通りで、〝全面講和〟を求める意思が九三％という高率を示しました。この投票には豊崎経済学部長らも参加し、鳥養京大学長も平和大会にメッセージを送るという盛況ぶりでした。

【平和投票集計】（『学園新聞』第一七六号一九五〇年五月二九日より）

(一)　第172号　1950年5月8日　(月曜日)

第21回メーデー

平和の旗掲げ

学生二千も参加

1950年5月8日『学園新聞』より

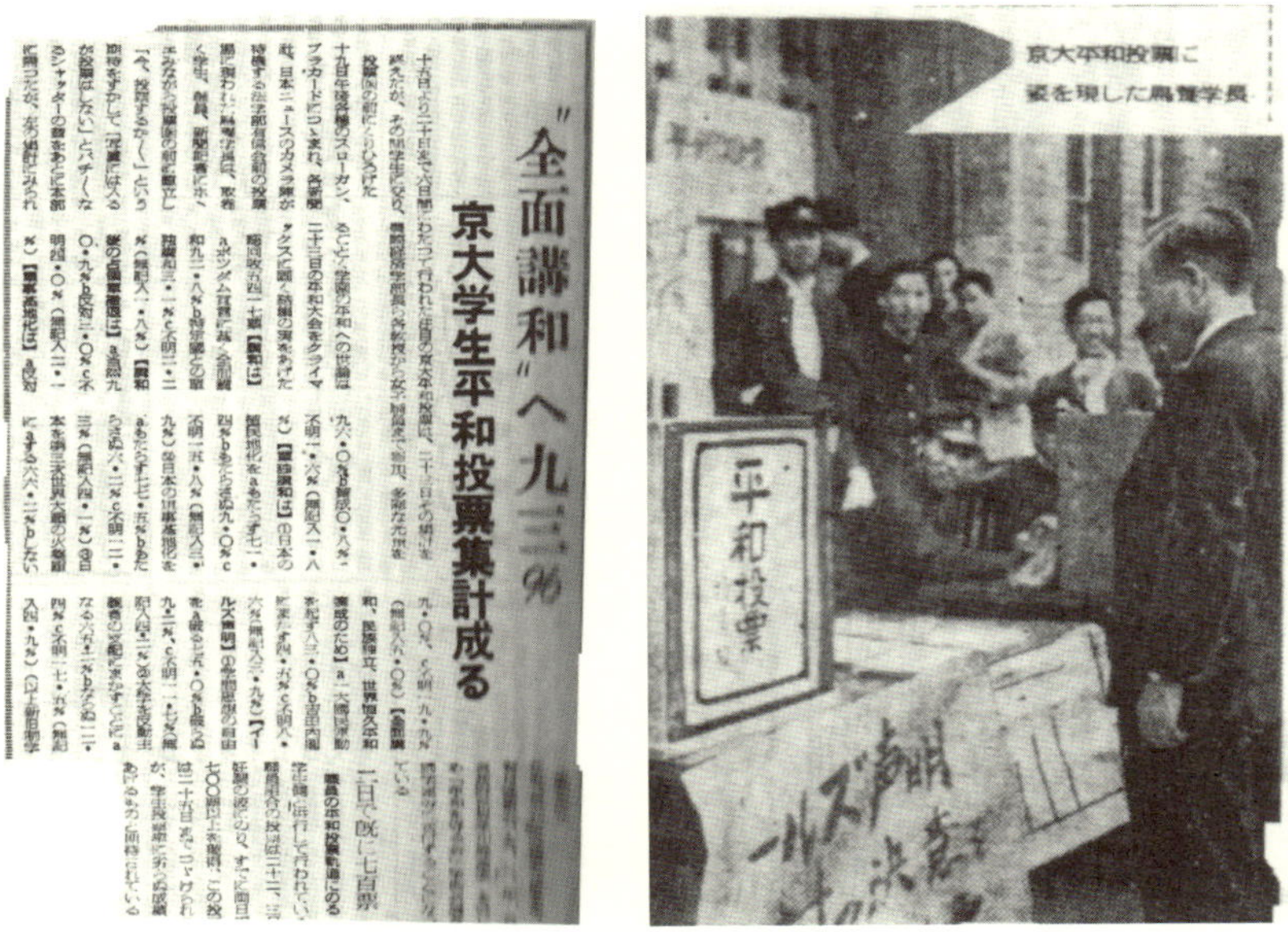
"全面講和"へ九三・96

京大学生平和投票集計成る

二日で既に七百票

1950年5月29日『学園新聞』より

終回収五四一七票

【講和は】

aポツダム宣言に基く《原文通り》全面講和　九二・八%

b特定国との単独講和　三・一%

c不明　二・二%（無記入一・八%）

【講和後の占額軍の撤退】

a当然　九〇・九%

b反対　三・〇%

c不明　四・〇%（無記入　二・一%）

【軍事基地化は】

a反対　九六・〇%

b賛成　〇・八%

c不明　一・六%（無記入一・八%）

【単独講和は】

① 日本の植民地化を

aもたらす　七一・四%

bもたらさぬ　九・〇%

c不明　一五・八％（無記入　三・九％）

②日本の軍事基地化を

a もたらす　七七・五％

b もたらさぬ　六・一％

c不明　一二・三％（無記入　四・一％）

③日本を第三次世界戦争の火薬庫に

a する　六六・二％

b しない　九・〇％

c不明　一九・九％（無記入　五・〇％）

【全面講和、民族独立、世界恒久平和達成のため】

a 一大国民運動を起こす　八三・〇％

b 吉田内閣にまかす　四・五％

c不明　八・六％（無記入　三・九％）

【イールズ声明】

①学問思想の自由を

a 破る　七五・〇％

b 破らぬ　九・一％

c不明　一一・七％（無記入　四・二％）

② 大学を反動主義者の支配にまかすことに

a なる　六五・二％

b ならぬ　一二・四％

c 不明　一七・五％（無記入　四・九％）

戦後情勢の転換期の苦闘―反レッドパージ闘争

ここで、私たちの歩む道に大きな影響を与える要因に、戦後情勢が大きく転換したこと、特に一九五〇年前後のそれに触れなければなりません。

その主要な側面は、ポツダム宣言を受諾して民主化を進める道を歩む日本にとって、アメリカ占領軍の占領政策に重大な転換が現れて来たことであります。

一九四七年初頭、戦後の労働運動の高揚に対してマッカーサー元帥が「二・一スト」禁止を指令したことは、その始まりでした。その後、中華人民共和国の成立から朝鮮戦争へとアジアの情勢が大きく変化する中で、アメリカの対日政策は、日本を反ソ反共の前進基地という位置づけへと急速に転換しました。その中軸政策の中にレッドパージ（赤追放）がありました。それは国鉄（現在のＪＲ）や電気産業等の基幹産業、公務員、マスコミ、教育機関等全産業と行政組織から共産党員とその支持者を追放することでありました。これは、一九四七年に始まる第一次レッドパージと一九五〇年の第二次レッドパージの二回にわたり、全国的に広げられました。第一次は産業、行政の合理化のための労働者の大量首切りの一環として行われました。第二次は、日本共産党中央委員二四名の公職追放（六・六追放）を切り口にして行われました。教育分野も例外ではなく、すでに述べたように占領軍民間教育局（ＣＩＥ）のメンバーであるイールズが東北大学を皮切りに全国の大学を、進歩的教授の追放を説いて回るという異常な状態が起こりました。これは、アメリカにおけるマッカーシズム（赤狩り）と軌を一にしていました。戦前、学問の自由と学園の自治を守る滝川事件を経験した京大では、教職員、学生はレッドパージに対する関心は特別強く、早くから反対運動が展開されました。特に一九五〇年に入り、全面的な闘いが展開されるようになりました。

ここで、新たな課題が生まれ戦後のわが国の民主化運動に複雑で困難な情勢と条件を加えることになります。それは、一九五〇年の年頭に始まるソ連の日本共産党への干渉と覇権主義でありました。それは、コミンフォルム（共産党・労働者党情報局）の日本共産党幹部の野坂参三の「平和革命論」の否定と暴力革命必然論の押しつけでありました。同時にこれは、スターリンの日本共産党を支配下に置こうとする覇権主義の第一歩であったことが、ソ連崩壊の経過とソ連共産党の覇権主義との熾烈な闘いの結果、明らかになりました。当時の私たちには野坂の「平和革命論」をめぐる論戦のみが知らされていましたが、実はこれを契機にして共産党中央が分裂していたのです。後でその全貌が明らかにされましたが、私たちは徳田・野坂分派の下で活動していたことになります。いずれにせよ外と内の予想外の困難な情勢に直面し、一時期は無我夢中で活動し、わが身のこと将来のことなど深く考える余裕すら失っていたといった状態でありました。

六月六日の日本共産党中央委員追放（六・六追放）後の京大学生運動をめぐる体制側と学生側の動きを概観して見ることとします。

六月六日　マッカーサー元帥は共産党中央委員全員二四名の公職追放を指令する。

六月七日　第三次吉田茂内閣、天野文部大臣は談話で、学生の政治活動禁止を提言する。
京大同学会は、共産党弾圧と天野文相談話に反対を決議する。

六月八日　全学連は、戦争の前夜として共産党弾圧に反対し、レッドパージに対してストライキで闘う方針を発表する。

六月一三日　天野文相は国立大学学長会議に、全学連の解散と学内共産党細胞への措置などを提起する。

六月二五日　朝鮮戦争勃発。

六月二六日　マッカーサー元帥は共産党機関紙『アカハタ』の発刊を禁止する。

七月一三日　検察庁が反戦ビラを押収し、事務所等の捜査をしたことに対し、京大同学会は厳重抗議する。

八月三〇日　全学連は、反レッドパージ闘争宣言を発表する。

九月一日　第三次吉田茂内閣、閣議でレッドパージに関する方針を決定する。

九月二三日　京大当局は、京大共産党細胞主催のダンスパーティーを禁止する。

九月二九日　京大工学部反戦学生同盟主催の理学部井上助教授らを囲む「反戦と科学技術者」懇談会を、京大当局は禁止する。

一〇月七日　京大同学会・職員組合共催の、北川鉄夫、東野英治、宇野重吉を招いた「日本映画の現状を聞く会」に対し、京大当局は種々干渉を加えた。

一〇月一〇日　鳥養学長は、学内集会に学外者を入れないよう注意発言をする。

一〇月一六日　京大当局は、「学生ストライキ禁止」告示第九号※を発令する。

一〇月二一日　京大同学会は、レッドパージ粉砕平和大会を開催し、学生約一〇〇〇名が参加する。

※告示第九号『学園新聞』一九五〇年一〇月二三日号より

公正な意志表示を

告示第九号

本学は学生ストライキを禁止する。したがってストライキを議せんとする学生大会およびストライキを目的とする一切の行為を許さない。けだしストライキの如きは大学が国家社会から委託された研究および教授の重大な任務遂行を阻害するからである。一日といえども大学がこの任務を放棄することは大学の自殺行為にほかならない。伝えられる教授追放問題は学識の有無や思想の如何によってその地位が左右されるべきものではない。いわんやリストの如きに至っては全く大学の関知せざるところである。大学はあくまでもその本質と良心とに基く自主性を尊重し、その人事については伝統を継承して自主性を守りぬく。

学生諸君が師を愛し大学を愛する気持は何人も共感するところであるが、その意思表示は終始知性と良識とに基いたものでなければならない。諸君の公正な意思が大学の使命と秩序とにしたがって表明されることは、何等抑止されるものではなく大学の期待するところである。ただ大学の自治と学問の自由を守るにはつねに深い反省と強い責任感とにより裏づけられねばならぬ。大学を冒瀆せず学生たるの本分に背反して強いてことをなすが如きものあらば、自ら大学人たることを放棄したものとして大学から去るべきである。

有為にして健康なる全学一万の学生生徒諸君。今こそ諸君は大学の自治と学問の自由との真の意義に深く思いを致し諸君の自主性と批判力をもって本学の将来の発展に協力せんことを切に希望する。

昭和二十五年十月十六日

京都大学

×　×　×

レッドパージ粉砕平和大会は、

一、学問思想の自由を守れ

二、政令六二号によるレッドパージ粉砕

三、進歩的教授団を死守せよ

など九項目を圧倒的多数で決議しました。その後参加学生の間で討議が白熱、参加した田代補導部長、角南学生課長に対するストライキに関する質問が連発し、最終的にはストライキの決意をもって闘うことが決議されました。

大学当局は、〝学生の本分に悖《もと》る〟として翌日四名（三カ月停学　水口春喜同学会委員長、横田昭同副委員長、譴責　安藤雄同委員、中原晃雄同委員）の処分を告示しました。

事態の経過は、共産党弾圧並びにレッドパージは朝鮮戦争勃発を中心にした内外情勢の下で、反動勢力が進めた学問の自由、学園の自治を圧迫制限する政策であることが、学生の目に明らかになりました。以後の動向は、告示第九号による学生の諸活動の制限と、これに反対する学生の熾烈な闘いの連続でありました。

「前進座事件」で放学処分に

一〇月二一日のレッドパージ粉砕平和大会を中心にした反レッドパージ闘争（一〇・二一闘争と略す）

の延長線上に、新たに「前進座事件」が発生しました。私はこれに関わり、人生行路への大きな転換を迫られることとなりました。

一〇・二二闘争以後約一カ月を経過した一一月二二日、秋の文化祭の流れで京大演劇部、文学同好会共催によるモリエールの劇作の前進座公演を鑑賞する計画が進み、その前夜祭として河原崎国太郎氏を招いた「前進座と語る会」が開かれました。これに対して警察が「勅令三一一号違反の疑い」※として私服を使い干渉にかかりました。こうした問題に対しては感度の高い京大生はこれを摘発し、警察と大学当局に対して大衆的抗議行動が展開されました。

※占領目的に有害な行為に対する処罰に関する勅令

詳細な経緯は公表されていませんでしたが、当初は大学当局も学園への警官の無断侵入ということで、警察当局にもの申したようでありましたが、学生の公然とした抗議行動に対しては、これを抑える姿勢に転化しました。翌日の抗議集会は、告示第九号に基づいて禁止され、怒りに燃えた学生約四〇〇名は抗議集会を強行し学内デモを行いました。一夜明け、大学当局は三二名に及ぶ多数の学生処分を発表するという異常事態が進行しました。私も再び無期停学を受けることになりました。処分の内容を公示した告示は以下の通りであります。（処分内容は全て『学園新聞』一二月四日号による）

告示第一四号

放学　水口春喜（経二　同学会中央執行委員長）

無期停学　松岡健一（医四　同代議員会議長）、横田昭（法一　同代議員）ら十二名
譴責　熊野和夫（法二　同代議員）、阪本亮二（経二　同上）ら十九名
以上三十二名

右の者学生の本分を守らない行為があったから頭書の通り懲戒処分する

昭和二十五年十一月二十六日　　京都大学

処分学生の数の大きさは想像に絶するものがありますが、この中には抗議集会当日下宿で休んでいた学生も譴責に含まれていたという乱暴な処置で、大学当局がいかに慌てた処理をしたかが窺われます。当然のこと学生の怒りは高まり、再度の処分撤回の抗議集会が計画されました。一一月二七日は、多数のマスコミ陣と市警機動隊の準備する中で、抗議集会が開かれましたが、体制側の予定を〝肩すかし〟して、学生は自主的に解散することとなりました。しかし、大学当局は再々のことながら、翌日追加処分を発表しました。その内容は、以下の通りでありました。

〈放学〉　遠井（法　自治会委員長）、松岡（同学会議長）、中原（二十七日大会議長）の三君
〈無期停学〉　熊野君ほか四名
〈譴責〉　今井君ほか三名

最後の抗議集会の経過について、公表されていない私の記憶によるエピソードについて述べておきたいと思います。学生の指導的メンバーはいかなる事態が起きようとも恐れない決意はしたものの、不安の念は隠せませんでした。抗議集会の前夜、共産党京都府委員会の担当者（京大出身M氏）が急遽来校し、京大細胞指導部メンバーを集めて、戦術転換をするよう指示しました。その理由は簡単で、このまま突進すれば京大の党組織も学生自治会も完全に崩壊するとの判断でありました。激論の結果、参加学生の中から解散の提案をし、整然とした行動をとるという戦術転換をすることになりました。さて誰が〝猫の首に鈴をつけるか？〟ということになり、同学会代議員会議長で京大細胞のキャップ（責任者）であった私以外にないとの結論に達しました。当日は、このことをマスコミも警察も大学当局も知る由もなかったので、正に〝肩すかし〟を食らわせたドラマとなりました。

第五章

社会活動を経て帰郷

職業革命家への歩み

京都大学の学生処分規定の原文に目を通してはいませんが、退学規定がなく停学の次は放学とされています。先輩たちの話によると、戦前の滝川事件を中心に多くの学生が退学処分を受けましたが、形式上の反省文を書いて復学し再び学生運動に走った例が多く、退学処分の効果が無いとの大学当局の判断から、いかなる手段であれ復学を前提にしない放学処分に一律化し、退学処分の規定を無くしたとのことでありました。

そもそも良い医師を目指して京都大学の門を敲《たた》いた私にとっては、進路に大きな変更を余儀なくされました。しかし、今まで歩んできた道から後退する道は考えられず、選択肢は社会変革への道に直接進む以外になくなりました。白旗掲げて郷里に帰ることなど考えられません。茨の道とは知りながら、職業革命家への道へと足を運ぶことになりました。

当時の社会状況の特徴、特に私の進路に関わるものについて振り返ると、外と内両面の苦難がありました。外からは一九五〇年半ば、アメリカ占領軍による共産党弾圧が「六・六追放」により全面化し、共産党の活動は極めて困難な状況におかれました。内面の苦難について、多少重複しますが、少し補足しておきたいと思います。

これは、いわゆる「日本共産党の五〇年問題」と言われる深刻な問題でありました。コミンフォルム（国際共産党情報局）の批判を契機として、党の分裂が表面化し、当時多数派を占めていた徳田・野坂分派が非公然の地下組織を作り、私たちもその末端に巻き込まれる事態が生まれました。その後一九五五年以降の党再建の闘いと、ソ連崩壊による秘密にされていた新事実の発覚から、スターリンの社会主義とは縁もゆかりもない大国主義・独裁体制により引き起こされたことがその根本原因であったことが明らかになりましたが、「徳田・野坂分派」を「日本共産党」と信じて活動していたわれわれ青年にとっては、深刻な問題でありました。このことは、後に日本共産党中央委員会編『日本共産党の八十年』に次のように記述されています。

「実際、徳田・野坂分派の指導下にあった党員の多くは、外国からの干渉と党分裂の真相を知らされないまま、徳田派を『日本共産党』だと信じて、困難な活動にあたってきた人たちでした。そして、革命運動に献身する善意をもっているならば、党の総括に指摘された誤りを克服して、あたらしい正確な路線にたった日本共産党の活動に貢献することができるというのが、この問題での党の基本的な立場でした。」

一九五一年から一九五五年（「六全協」の年）までの五年間の私の歩みは、多かれ少なかれ以上のことを証明したものでありました。さて、この間の回想を活字にすることについては、些か躊躇したことは隠せませんが、私だけなく当時同じような青春時代を過ごした者にとっては、明るい先の見えない、暗い苦難の時代であり、二度と味わいたくない体験でありました。しかし、こうした時代とこうした体験をした若者がいたという事実を書き残しておくことは、再びこうした暗い社会を繰り返さないようにとの思いを深くする上で、全く無意味ではないと考えるようになりました。戦場に駆り出された若者がその生々しい体験を語ることや、広島・長崎の被爆者が被爆の実態を語り、二度と核戦争を起こさないことを訴えている姿に通じるものがあることに気づきました。同時に、自分史の青春篇としては、全く欠落させておくことは自分自身にとっても好ましくないことであり、その中で得た教訓はその後の人生に役立っている部分のあることは確かであります。恥を厭わずある場面では辛い思いをこめて、簡潔に記述することとしました。

学生対策部を担当して
―「綜合原爆展」の活動をふりかえり―

一九五一年を迎え、私は日本共産党京都府委員会の常任委員という位置に身を置き、当面は学生対策部を担当しましたが、約半年間は京大OBのような活動スタイルで、ほとんどの時間は京大で費やし、立命館大学、同志社大学、龍谷大学、府立医大などなど大学の学生党組織の指導に当たりました。この間に最も力を入れ、私自身にとっても良き体験として残されているものに、京大同学会主催の「綜合原爆展」があります。その内容と経過や評価については、小畑哲雄（京大文学部国文学科卒）著『占領下の「原爆展」―平和を追い求めた青春―』があります（写真次頁）。この運動は京大に学籍のあった三年余の間の活動の最後として、その総括とも到達点ともいえ、そして後世にも伝えたい学生運動の一つの典型とも言える運動でありました。その回想として若干の叙述をしておきたいと思います。

その運動の規模が実に広汎な学生の参加によるものであったことは、従来の学生運動の課題が、授業料値上げ、大学管理法、レッドパージなどで、運動形態が集会、デモ、ストライキといったものが多く、広汎な学生参加は必ずしも得られず、更に闘争が先鋭化するに至っては、運動の幅が狭くなる苦しい経験を繰り返して来ました。原爆展の運動は、広島・長崎の被爆の実態を公表するという全国民的平和の課題であったと同時に、大学生の専門学習と深く関係し、いわゆる〝まじめ学生〟にもアピールして、展示内容に直接関与し、資料収集からパネル作製、展示場での解説など、草の根運動型に広がっていきました。医学部学生は人体に対する未知の被害の実態を明示し、理学部学生は原爆の物理学的原理を解説し、工学部学生は広島・長崎の街の建築物、住居、街の被害状態を一瞥《いちべつ》出来るパノラマを作製し、法学部・経済学部学生は原爆の国際管理の提言を示し、文学部学生は被爆の真相を詩に表し、画に描く役割を担いました。

小畑哲雄著『占領下の原爆展』

同時にこの運動は、サンフランシスコ講和条約締結前のアメリカ占領下にあり、原爆の被害の実態

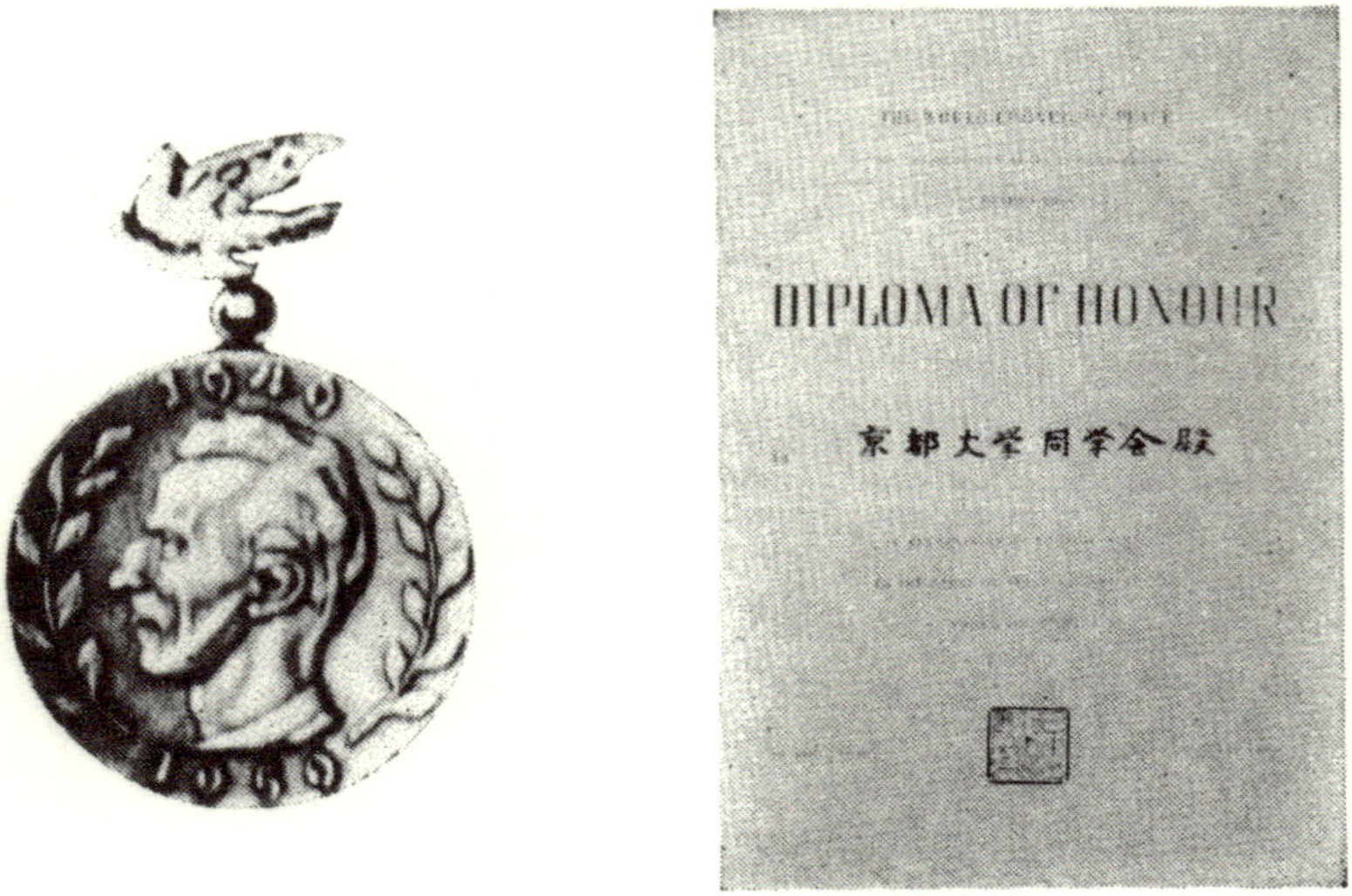

京大同学会が受賞した平和賞

京大同学会平和賞受賞記念会の出版

が隠ぺいされていた社会情勢にあって、これを一般大衆に公表する活動は、きわめて重要な先駆的社会的意義をもつものでありました。後日、世界平和評議会はこの京大同学会の「綜合原爆展」に平和賞を与えることになりました。その授賞に当たって、各界の指導的人士が述べた感想を綴った『平和は求めて追うべし』は、今読み返しても心を打つものであります。その中には平沢興京大学長（解剖学専攻）、湯川秀樹（ノーベル物理学賞受賞者）、天野重安（病理学専攻）、末川博立命館大学総長（民法学専攻）、西山卯三（建築学専攻）等が語られています。中でも湯川さん、末川さん、天野さんの感想は印象的で、その一部を紹介することとします。

湯川秀樹博士

「わが国において核兵器反対の運動が本当に国民的な規模でさかんになったのは、〝ビキニ〟以来のことであったと思う。それ以前の運動は、国民全体のものであったというよりも、むしろ先駆的な動きといえる性格のものであった。それは熱意と勇気ある人たちの運動であり、その意味において京大同学会が一九五一年に原爆展をおこない、地味な形でおし進めていったことは立派だと思う。この先駆的な意義をもち、しかも地味で目立たぬ一つ一つの努力のつみかさねが〝ビキニ〟以後の全国民的な運動を促進し、つよめるものとなったといえるだろう。（以下略）」

末川博立命館大学総長

「戦争中に、先輩達が、その青春の夢をふみにじられたことを思えば、学徒が、戦争を否定するために、実践的に行動することは、当然であるけれども、広い意味での学生運動の中にあって、原爆展の開催は、大地に足をふまえた形の運動であって、今日もなお、高く評価されてよいと考える。（以下略）」

天野重安医学部教授

「原爆展には、私は多くの資料を提供した。これはじょうだんだが、平和賞の半分位をもらってもいいぐらいだ。しかし、この資料提供には相当な覚悟が必要だった。占領下だから、被爆の実体は、アメリカ軍の機密だったのだ。私のところへも、占領軍当局から資料の公開はお前の責任でやれといってきた。その意味は、軍の秘密に触れて問題になった場合にはお前を捕えるぞということだ。しかし、私は医学者として学生に教えることはどうしても必要だと判断して資料を出した。それを学生諸君があのような形で一般公開したわけだ。（以下略）」

原爆展に関する私の記憶に残っていることは多々ありますが、学生運動として種々な場面に遭遇した中で、これほど一般大衆に支持されたと実感した活動はありません。会場の京都駅前丸物百貨店の入口は大混乱する盛況で、事前に準備した入場券はあっという間になくなり、追加印刷に走る有様でした。わずかな入場料にもかかわらず、学生の行事では経験したことのない黒字決算になりました。その内容といい、当時の社会状況からもきわめて貴重な展示内容でありました。当時、朝日

天野重安先生、1963年12月7日
（『鏡頭無心』より転載）

新聞京都支局長の眞期孝夫さんが明らかにされたように、従来、原爆被害の実相は、朝日新聞発行の「アサヒグラフ」が最初とされていましたが、それより先に行われた占領下の京大同学会の原爆展があったことは、歴史的に意義のある業績でありました。残念ながら展示のパネルが、京大の火災事故と学生の中に生まれた暴力集団（全共闘）により、完全に処分されていることが分かりました。今残されているものは、西山卯三先生が直接カメラに収めておられた写真であります。これは、京大医学部卒の川合一良君と同理学部卒の夫人葉子さんが事務局をされている「綜合原爆展掘り起こしの会」で保管されていることがわかりました。私はそのコピーを、岡山の反核医師の会に保管してもらっています。

「京大天皇事件」を振り返って

原爆展と共に記録に残しておきたい京大での学生運動のエピソードに「京大天皇事件」があります。これは一九五一年一一月一二日に、昭和天皇が朝鮮戦争に当たって（朝鮮戦争勃発は一九五〇年六月）、日本の再軍備の世論形成のため全国を巡幸した一環に、京都大学に来校した時のことであります。私はすでに述べたように、京都大学の学籍から外され日本共産党京都府委員会の一員として、学生対策より労働対策へとその役割が重ねられていた時のことでした。従ってこの事件には直接関与していませんでしたが、事の性格上、全京都ないし全国的な関心事となったことで、簡単な要約と私の関わりについて触れておきたいと思います。

天皇の行幸に際し、京大同学会は直接学生代表との面談を要求しましたが、大学当局より拒否されました。そこで学生側は公開質問状を作成し、学長を通じて天皇に渡すことを提起しましたが、これも断られ、全学生職員はもとより一般市民にビラにして配布することにしました。公開質問状の実物は私の手元に残されています。母がどこから手に入れたか話しませんでしたが、倉の二階の本棚に大事に保管されていました。（一六七頁）

私は天皇の行幸の現場にはいなかったため当時の様子は体験していませんので、『学園新聞』の記事の「京大行幸に警官隊五百　学生二千〝平和を守れ〟と合唱」という一面記事（一九五一年一一月一九日号）の書き出しを紹介して事件の概要を読み取ってもらうこととします。

「十二日午後一時二十分天皇は京大に到着した。京大学生、職員他約二千名は正門から正面玄関まで幾重にも列をつくって待っていたが天皇が玄関に到着する瞬間、（後記事……天皇が新聞社のニュースカーの奏する君が代の歌とともに正門に入って玄関に到着するや……）学生の中から『平和を守れ』の歌声がおこり、その歌声はほとんどの学生の口に伝わり、スクラムをくむようにして学生達は御料車を中心に半円形に集まった。このときすでに天皇は本部学長室の方へ進んでいたが、はじめ二十名ほどの警官は、刻々増加され、二時にはその数五百名に達した。」

警察のパトロールカーの「大学の命令だ、退去せよ」との放送と、学生達の「平和、平和」の高唱、「警官は帰れ、俺たちの大学だ」のシュプレヒコールの中で、二時一二分天皇は予定より少し遅れて玄関を出、ちょっと会釈して乗車、車は猛スピードで学外に出て行った、という結末でした。

公開質問状

この公開質問状十日同學會が學長を通じて天皇にお渡ししようとしたところ、學長が拒否されたものです。私達の天皇に對する氣持を卒直にのべたものとして市民の皆さんにも公開する次第です。

私達は一個の人間として貴方を見る時、同情に耐えません。例えば貴方は本部の美しい廊下を歩きながら、その白い壁の裏側は法經教室のひびわれた壁であることを知ろうとはされない。貴方の行路は數週間も前から、何時何分にどこ、それから何分后にはどこときつちり定められていて、貴方は何らの自主性もなく、定まつた時間に定まつた場所を通らねばなりません。

貴方は一種の機械的人間であり、民衆支配のために自己の人間性を犧牲にした犧牲者であります。私たちはそのことを人間としての貴方のために氣の毒に思います。

しかし貴方がかつて平和な宮殿の中にいて、その宮殿の外で多くの若者たちがわだつみの叫びをあげ、うらみをのんで死んでいることを知ろうともされなかつたこと。又今と同じようにすちがきにしたがつて歩き乍ら太平洋戰爭のために、軍國主義の支柱となられたことを考えるとき、私達はもはや貴方に同情していることはできないのです。しかし貴方は今も變つていません。名前だけは人間天皇であるけれどそれがかつての神様天皇のデモクラシー版にすぎないことを私達は考えざるを得ず、貴方が今又單獨講和と再軍備の日本でかつてと同じやうな戰爭イデオロギーの一つの支柱としての役割を果そうとしていることを認めざるを得ないのです。我々は勿論かつての貴方の責任を許しはしないけれどそれよりも、なお一層貴方が同じあやまちをくり返さないことを望みます。そのために私達は貴方が退位され、天皇制が廢止されることをのぞむのですが、貴方自身それを望まれぬとしても少くとも一人の人間として憲法によつて貴方に象徴されている人間達の叫びに耳をかたむけ、私たちの質問に人間として答えていたゞくことを希望するのです。

質　問

一、もし日本が戰爭に捲き込まれそうな事態が起るならばかつて終戰の詔書において万世に平和の道を開く事を宣言された貴方は個人としてでもそれを拒否するように世界に訴えられる用意があるでしようか。

二、貴方は日本に再軍備を強要される樣な事態が起つた時、憲法に於て武裝放棄を宣言した日本國の天皇としてこれを拒否する樣呼びかけられる用意があるでしようか。

三、貴方の行幸を理由として京都では多くの自由の制限が行われ、又準備のために貧しい市民に廻るべき數百万円が空費されています。貴方は民衆のためにこれらの不自由と空費を希望されるのでしようか。

四、貴方が京大に來られて最も必要なことは教授の進講ではなくて大學の研究の現狀を知り、学生の勉學、生活の實態を知られることであると思いますが、その点について學生へ會つて話し合つていたゞきたいと思うのですが不可能でしようか。

五、廣島、長崎の原爆の悲慘は貴方も終戰の詔書で强調されていました。その事は私たちは全く同意見で、それを世界に徹底させるために原爆展を制作しましたが、その開催が貴方の來學を理由として妨碍されています。貴方はそれを希望されるでしようか。又私たちはとくに貴方にそれを見ていたゞきたいと思いますが見ていたゞけるでしようか。

私達はいまだ日本において貴方のもつている影響力が大であることを認めます。それ故にこそ、貴方が民衆支配の道具として使われないで、平和な世界のために、意見をもつた個人として、努力されることに希望をつなぐものです。一國の象徴が民衆の幸福について、世界の平和について何らの意見ももたない方であるとすれば、それは日本の悲劇であるといわねばなりません。私達は貴方がこれらの質問によせられる回答に心から期待します。

昭和二十六年十一月十二日

天皇裕仁殿

京都大學同學會

公開質問状

京大行幸事件の眞相と同學會の態度

市民のみなさん！

去る十二日、天皇行幸の際京大で起つた事件をすべての新聞が事實から全くかけはなれた記事で紙面をうづめ、計画的な行動だとか、日本人にあるまじき行動だとかと言つて私達學生に非難の矢を放つています。だがこれは全く一方的な、良識のない、惡意に満ちた非難であると共に、それ自身、日本人が天皇の前ではすべての自由、生きる自由さえも失なつた戰前の天皇制時代の再現を意味する以外の何物でもありません。

終戰直后では天皇の車を群衆がとり圍んで動けなくした事件がありました。だがその時は唯天皇と民衆の親しさを示すものとして語り草となつたのでした。私達の場合もそれと殆ど變らない事件であるに拘わらず、古今未曾有の不祥事として非難されるのは何故でせうか。成程私達は「君が代」のかわりに「平和の歌」を歌いました。だが嘗て多くの青年が天皇の名の下に異國の山河に屍を曝らした痛ましい思出を忘れることが出來ません。「君が代」や「海征かば」などの歌は私達の今は故き友の悲しい思い出をよみがえらす全く不吉な歌としか受取れません。

私達の總意によつて決定される、象徴としての人間天皇に對して、天皇制時代の秩序と義務を强制することが出來るでせうか。新聞では「五万人の万才」等々と書き立てゝいます。だが强制的に全校擧げてお迎に驅り出された高校生、先生に引率された何も知らない兒童がその大多數を占め、しかも自分の意志に反して、雨の中を傘もさゝずに並ばされていることは痛々しい事ではありませんか。沿道一〇米おきに列ばされた警官、行幸の三十分以前に市電を止め乘客を徒歩させている事實。これらは決して國民の希望する事ではなく、又天皇も決してそれを望んではいないと思います。このような全く常軌を失した歡迎こそ、せつかく人間になつた天皇を再び神様に引き上げつゝあること、それが「わだつみ」の道に通じていることを信ぜざるを得ません。だから私達は「君が代」ではなく「平和の歌」を歌つて天皇を迎え、天皇を送つたのであつて、他に何の意圖もなかつたのです。

整然と迎えなかつた事についての非難を同學會にあびせる事は全くお門違いです。同學會は「天皇來訪に對して歡迎もしなければ拒否もしない。唯それを理由に警官が學内に侵入することには反對する。」という態度を取つており、時計台前の出迎を指示し、統率したのは大學當局でありました。大學當局は集合した學生を充分に掌握することが出來ず、學生の自由意思の出迎に對して、市警五〇〇名以上を学内に入れて戒嚴令狀態を勝手に作り、かえつて学生を刺戟し、全く傍觀者的な学生までその中に巻き込んでしまつたのです。同學會は大學當局及び市警では混乱を收拾し得ない現狀を見て、市警の退去と學生の後退を要求して事態の收拾に努め、學生側はその要求を實行しましたが、市警は學内から退去しなかつたのです。田代輔導部長までが「私も警官隊が入らなければ今度のような事は起らなかつたと思う」と云つております。

このように全く「事件にならない事件をデッチ上げ、新聞ラジオは京大生が古今未曾有の叛逆罪を犯したように宣傳し、再軍備論者芦田均は「日本から出て行け」とわめき、水谷長三郎は「民主化されていない」と慨嘆しているし、奇怪にも大學當局は同學會を學生代表として處分しようとしているのです。

同學會はこの事件を喜劇ではすまされない峻嚴な現實として全京都市民と共に注視せざるを得ません。私達は、天皇行幸という和やかな雰圍氣の中で、天皇を再び神様に引き上げ、恐ろしい侵畧戰爭と國民の奴隷化を行おうとする動きがありありと感知出來るのです

市民のみなさん！だから私達は皆さんに訴えます。私達は人間としての天皇ならば私達自由意志で歡迎することに大賛成です。だが天皇によつて私達の持つているすべての自由が奪われる昔の神様天皇にすることに絶對に反對して下さい。二度と戰爭と軍國主義に天皇が利用されないように努めて下さい。

これが、戰爭の恐怖におのゝく日本國民の切なる願いであるし又私達京都大學々生のみなさんに對する訴えであります。

一九五一年十一月十四日

京都大學同學會執行委員會

京大行幸事件の真相と同学会の態度

大学当局は、「一部学生の示威と推察」し、三日後同学会に解散命令を出しました。同学会は直ちに抗議し、告訴する用意があるとの声明を発表しました。

その後約二年足らずの攻防の結果、一九五三年五月に至り、全学投票の圧倒的多数の再建支持の意思表示を背景に、大学当局と学生側同学会再建準備会との合意が成立し、六月二七日選挙による代議員会が開かれました。米田豊昭（経四）を中央執行委員長に選出し、京大同学会再建宣言を採択し、全学連加盟を確認しました。

「京大天皇事件」は、京大学生の平和を求める運動の一齣《ひとこま》ではありますが、相手が新憲法で定める「日本国の象徴」であるため、その影響は、私たちの想像を超すものがありました。事件後、京大学生に対する激励と批判・攻撃は大変なものでした。当時私の活動の軸足は労働運動対策に移され、京都市電労働者の賃上げ闘争に集中していました。京大学生が世論攻撃に曝されている中で、労働者の闘いを早め強めるよう上級より指示され、日夜活動していました。この間、労働者は「京大天皇事件」に対して、どのように対応したかについては広く知られていませんので『学園新聞』の記事から、当時の様子を理解出来る動きを補足的に記述することとします。天皇行幸は、各職場（行政、企業、学園など）に様々な形で影響を与えていました。

京都市役所の労働組合は、「天皇神格化反対」、「平和運動鎮撫行幸反対」をスローガンとして、行幸に要する費用とからんで賃上げ闘争を激化させました。正面玄関の組合壁新聞の撤去をめくり、理事者側との争いとなり、組合側に譲歩する結果となりました。

島津製作所では会社が歓迎費用に四百万円を予定していたことを知った労働組合は、「そんならおれたちの賃上げが出来るはず」と賃上げ闘争が労働者に有利に展開する結果となりました。

京都市教育委員会が、教育計画の一環として生徒の奉迎を強制したことに対し、京教組は授業を止めての強制に反対し、某高校では奉迎を拒否することとなりました。

非公然活動の体験から

日本共産党の常任活動に足を踏み入れ、三年間余の京大学生寄宿舎生活から離れ、非公然活動（いわゆる地下活動……通称もぐり）が強いられ、学友の下宿や党支持者の家を転々と訪ねて生活の場を求める状態となりました。役割が学生対策から労働対策へと移行する頃からは、本格的な非公然活動体制が党から保障されるようになりました。組織的にはテクニカル・ビューロー（通称テク）という分野の担当者が、一～二週間ごとに変動する党員ないし強力な支持者の協力で住まい（アジトと呼んだ）を準備してくれました。食事は原則として外食で済まし、時にアジトでお世話になることがありました。衣服は着たきりの状態で、季節により差し入れがありました。交通費その他の費用は、その金額は覚えていませんが、全くの最低限度で、特に地区委員会に移ってからは大変で食費を削って捻出する有様でした。

日々の活動スタイルは、昼間は党機関に関わる会議や打ち合わせと上部より渡される文書（指示や情報）の処理に費やされ、夜は職場、地域の党細胞（今の支部）の非公然組織の会合に参加するというのが基本的なパターンでありました。非公然活動の特徴として、連絡システムが極めて重要で、これが切れると全く活動はもとより生活も不可能に陥るので、レポーター（連絡員）との打ち合わせ、その場所と時間を厳守することは決定的に重要でありました。現在のように携帯電話のない時代ですので大変でした。また、組織防衛のため書類はすべて焼却処分にして残さず、写真は禁じられており、個々のメンバーはすべてペンネームで一定期間で変更するというのが決まりとなっており、これらの約束事が守られないと上級機関から強く叱られ場合によっては連絡が切られることすらありました。これは戦前の経験をそのまま敷き写しにしたところもあったと思われます。

ここで、思わぬ資料が手に入りましたので紹介しておきます。これは「京大学生運動史研究会」（月に一回例会が開かれています）の事務局長山本正志氏のご協力を頂いたもので、当時の非公開機関紙の二種類であります。一つは全国版で『平和と独立のために』（当時は『平独』と呼んでいた）で、二つ目は京大細胞のもので『嵐をついて』（通称『嵐』）で、京都大学付属文書館に保管されているもののコピーを掲載しました（写真下）。これは、何れも〝地下印刷所〟で作成し、党員に秘密裏に手渡ししてい

嵐をついて No 8.
1951—6—20.（水）
青年よ！新しい戦争の危機に反対し、平和を守るため団結せよ！
敵は一切の力を原爆展に集中している!!
原爆展を中心とする当面の平和擁護斗争について
「実力で器械を持ち出せ」
－教授も田代書簡に抵抗－
労仂者、農村青年より激励の手紙
「ストやらんとあかん」

『嵐をついて』No.8.（1951年6月20日）

たものです。読んだら焼けという約束になっていましたが、ある篤志家？　が大事に保管しておられ、後日寄贈されたものでした。その作業（編集、印刷、配布など）を官憲の目に触れないようにするため、大変な労力と神経を費やしたもので、私もその一役（『嵐をついて』の編集）に加わったことがあります。

　この間に、私を支えて下さった多くの方々には、心から感謝する気持ちは今も捨てられません。実名は名乗らないことになっていましたが、京大医学部のクラスメートがクラス会で「お前を一週間面倒をみたよ」と告げられたこともあり、京都大学、立命館大学、同志社大学など有名大学の教授宅にもお世話になっていたことを知り、穴があれば入りたい気分です。また、戦前治安維持法に反対し右翼の刃に倒れた、山本宣治代議士の従弟さんのお宅にお世話になっていたこともありました。

十月社会主義大革命と日本国民
会津地方にひろがるミチューリン農法

『平和と独立のために』第381号（1954年11月11日）

　初恋の女性とは寂しい別れの一幕を乗り越えました。家族との連絡も切ることになり、さすが母には直接告白することは出来ませんでした。後日、母はこのことで思い悩み、伯父（岡山で初めて開設された精神科病院の初代院長）に相談を持ちかけたところ、「お前は、息子と縁を切るつもりか」との一言で目が覚め、私の旧友を訪ね、その両親の計らいで某日そのお家を借りて、ひそかに面談することになりました。母は私が元気でいたことに安堵したようでしたが、私は、実情をどのように母に説明したらよいか思い悩み、「僕を明治維新の時の志士のようなものと思ってくれ」と一言申しました。明治生まれの母は何となく理解した様子で郷里に帰って行ったことは、忘れることの出来ない思い出であります。

労働対策部を担当して

労働対策の役割についた私の最初の仕事は、京都市電労働者の賃上げストライキを成功させることでした。これは私にとっては大変な重い課題でありました。生い立ちで述べたごとく、医家に生まれ医師を目指して学びの道を歩んできた私にとっては、労働者の生活と労働実態についての認識は、戦時中の学徒動員と社会医学研究会の調査活動以上には出ないものでありました。従ってストライキを戦う労働者の指導は、全く新しい社会経験でありました。しかし、党の指導機関のメンバーの一員であることから、腰を引くことは出来ないという矛盾と辛さが、終始脳裏から離れませんでした。労働者のストライキ闘争に参加して、最も重要な局面は、ストライキに立ち上がった労働者に対して妥結する時の指導者の説得力がきわめて重要であることを教えられました。当時は、関西地方委員会の労働運動のベテランが直接指導に当たっていましたので、私は無我夢中でその指導の下で走り回っていたというのが実態でした。この指導メンバーの中には、後に日本共産党の再建に後全国的に労働運動の指導に当たった中央委員の荒堀広氏が若くしてその中心に姿を現していました。

当時の労働運動は二度にわたるレッドパージによって、きわめて困難な状況にあり、各職場の党組織はほとんど非公然の状態であったため、活動の中心は党組織を守ることが最大の課題でありました。私はこうした条件の下で、国鉄（現在のＪＲ）、市交通、奈良電鉄（現在は近鉄に合併）、市役所、府庁、京教組、島津製作所、松下電器、三菱重工等の職場に足を運びました。当時の各職場の労働者党員との出会いがあり、今でも印象に残る仲間が数々あります。彼らは私が学生出身の身であることを承知しながら付き合ってくれました。その中には今でも文通している松下電器の婦人労働者もいます。彼等から学んだものは数多く私の人生にとって貴重な宝となったでありましょう。しかし、彼等といかなる会話や議論を戦わせたか記憶が確かでないのが残念でたまりません。また、私自身が指導的に活動した思い出に残るものがないことも同様であります。その原因はどこにあったのか、後で立ち入って述べることにしますが、当時党の徳田分派の下で活動していた私たち若者には、自分の頭で考え検討して行動することは許されない、否《いな》考えられない環境にあったことが主要な原因であったと今では考えています。

京都南地区・南山城地区の責任者の経験

当時の組織の人事は、長期に同じ役割に就かせない方針であったのか、やがて次々と任務変更がされました。今度は基本組織の管理をする地区の責任者にされました。

南地区の対象地域は京都市の南部で、主に労働者の多く居住している地域で京都駅裏（現在の新幹線京都駅入り口）の在日朝鮮人の集落もあり、全体として貧しい地域でした。党の組織も弱く、経営では国鉄、松下電器、寿工業（鋳造の中小企業）等がありましたが、上部からの指示を伝え組織を守ることが日々の主な仕事でありました。この期間のことは正確に覚えていませんが、少数の常任をかかえて財政的に困窮していたことが記憶に残っています。

次に南山城地区に任務変更になりました。担当地域は、京都市伏見区から南へ奈良県境に至る山村という広範囲な地域でありました。主要な活動は奈良電鉄の労働運動と農村の青年団運動の指導、更に宇治地域にあった在日朝鮮人集落に対する官憲のヤミ米、密造酒取り締まりに対する闘いの援助などでありました。

組織防衛担当へ

やがて私の役割は組織防衛担当へと変更されることになりました。これは、今から振り返ると、徳田・野坂分派の末期的状態を現した三つの特徴的な行動の一つでした。第一は、「暴力（軍事）革命必然論」の立場から軍事組織の準備（Y活動と呼ばれていた）をすること、第二は、農山村に革命拠点を作るための「山村工作隊」派遣であり、第三は、組織防衛の名の下に行うスパイ摘発活動でありました。私たち若い活動家は大なり小なりこれに動員されることになりました。私は幸いにY活動にも山村工作隊にも引き込まれませんでしたが、第三の活動に取りこまれました。組織防衛とは名ばかりで、上級からの指示に対して忠実に従わず消極的ないし批判的な党員に対してスパイ容疑をかけ、これを追及し場合によっては追放するという活動でありました。私にとっては最も嫌な回避したい活動でありました。当時は上級からの指示は絶対的で、これを拒否することは党を裏切るものと同等な意味を持っていましたので、残念ながら受け入れざるをえませんでした。

肉体的暴力行為は一切行わなかったものの、二、三の仲間に多かれ少なかれ心に傷を負わせたことは、いくら反省してもしきれないものがあります。後で述べる「六全協」後の相互批判、自己批判の中で、本質的な反省を行いましたが、わが青春のあゆみのなかで最も暗く苦しいものでありました。

教育部、知識・文化人対策部を担当して

任務交代の最後に教育関係の役割を与えられました。その頃を契機に非公然体制が緩められ、私たちの分野は公然舞台にでることになりました。以前から共産党の強力な支持者である延寿寺（東山通り松原…写真次頁）の住職が、本堂の二階の大広間を共産党府員会に貸してくれていました。私たち二、三の独身の常任は、この場所を生活の場として活動することになりました。後から想像するに、こうした変化は、一九五五年七月の「六全協《ろくぜんきょう》」により分裂していた党の団結を回復させる準備が進行し始めていたことの現れと推察されます。このことは、党の組織体制の問題だけではなく、従来の理論軽

視の思想に一定の変化が現れてきたものとも考えられます。関西地方委員会の指導による常任活動家の集中的教育が実施されるなどはその代表的現象でした。当時はまだソ連もスターリンも健在であり、彼の直接関わった『経済学教科書』がテキストにされたように、一定の限界と制約はあったもののマルクス・レーニン主義（科学的社会主義）の基礎となる理論学習が一週間の泊まり込みで集中的に行われました。講師は、当時の大阪市大の上林貞次郎教授、林直道助教授をはじめ京都・大阪を中心にしたマルクス経済学者、唯物論哲学者、民主的歴史学者等でした。こうした学習は、私はもちろんのこと多くの若い常任活動家の目を開かせる契機となりました。労働者出身の若い活動家は、初めて自分達労働者が資本家から搾取されているカラクリの全貌が解り、世の中が明るくなったと感想を述べていました。長く暗いトンネルに一筋の灯りを見出した感想は、私だけではありませんでした。

延寿寺本堂

このイベントは、従来の理論軽視、実践万能主義による党の理論思想水準を高める大きなきっかけになり、学習活動が見直され始めました。同時に、党に関係した知識・文化人に対して理論拘泥主義などと学者、研究者の活動を軽視する傾向が改められる流れが生まれ始め、私が担当する知識人・文化人対策も注目され始めました。私は、京都大学、立命館大学、同志社大学、龍谷大学などの学者、研究者の中で、党と深い関係にある多くの方々や宗教者との連絡をとり、党の方針を伝え協力し合う関係を保つことに専念しました。

京大ではマルクス経済学グループを始め民主主義科学者協会法学部会、理学部の理論物理学、地質学グループ、文学部の唯物論哲学グループ、工学部の新建築家協会、燃料化学グループ等で、きわめて広範囲の多数の民主主義的学者研究者が党員として活躍していることに驚きました。京都の民主的革新的風土は、こうした知識人・文化人の層の厚さによるものであることを、改めて認識したものです。

「六全協」以降の党再建と進路転換

一九五五年七月に開かれた日本共産党の第六回全国協議会（「六全協」）は、厳密には正式の党規約にもとづく会議ではありませんでしたが、一九五〇年以来の党の分裂に終止符を打ち、党再建への入り口となりました。この会議では、徳田・野坂分派が進めてきた「極左冒険主義」「家父長的指導体制」「軍事的手段による革命論」を排し、党の団結の道を確認しました。このことは、京都においても党府員会を通じて全党組織に伝えられました。一九四九年一月の衆議院選挙で獲得した三五名の議席が、一九五二年一〇月には皆無となり、一九五三年四月に漸《ようや》く一議席を得たように（一九七二年一二月に四一議席に回復するまで二〇年を要した）、党は日本国民から全く支持されなくなっていた実情から、全党員は来るものが来たという受け止めで、これに反対する者はほとんど見られませんでした。私たち機関メンバーの中にも一人として反対する者はいませんでした。

その後は、こうした重大な誤りを起こした思想的根源とその責任を明らかにするため、相互批判、自己批判が展開されることとなりました。各職場、地域で活動していた党組織の党員にとっては、その誤りは深刻な結果を生んでいましたので、徹底した議論が闘わされました。特

日本共産党京都府委員会メンバー（1955年ごろ）
前列左端小山、三人目榎並、六人目拝師、後列左端井上委員長、七人目筆者、九人目徳田、右端梅田（元衆議院議員）（榎並夫人提供）

に各級指導機関とそのメンバーに対しては、痛烈な批判意見が出されました。私たち京都府委員会の常任は、日夜連日これを受け止める立場に立たされました。それは生半可なものではなく、時には強烈な個人的打撃的批判にまで発展することさえありました。当時の府委員会の責任者は、これに耐えかねてノイローゼになって戦列から退くという事態さえ起きました。私も約四カ月余の間、この批判の矢面に立たされ、厳しい試練に耐える道を歩みました。私個人としてもこの誤りの犠牲を被っていましたが、それよりも、私が置かれた立場─社会的責任は更に重いものがあったことを心底から知らされた日々でありました。

一九五五年の暮れに近づいたある日、京都では伏見区の小学校の講堂を借りて、党の活動家を集め総括会議が開かれました。ここでは、京都府委員会としての総括的自己批判の見解が述べられるとともに、常任委員の個々の発言が求められました。その時の記録はもちろんありませんが、記憶に残っている私の発言の一部を思い出しています。常任委員としての反省と同時に、個人としての思想上の問題点を率直に語りました。それは、私の思想の中に、一貫して労働者階級出身の職業革命家でないという弱点を意識していましたが、この中に労働者階級の進歩性、革命性と労働者個々が持っている素朴さと粗暴さとの混同があったことを述べたことは忘れません。この集会の特徴は、「六全協」後の数カ月間続いた相互批判・自己批判の中から、党の再建にむかう積極的意見が漸く語られ始めたことでありました。それは、後に京都の党の再建の中心的役割を果たして府委員長を務めた故安井真造君らの発言でした。これは、私にとっては、一九五〇年以降の暗く長いトンネルに僅《わず》かに明るい光を見た思いでした。

その後党再建への模索が進みましたが、その第一課題は、若い常任たちの進路決定でありました。特に大学生出身が多かった京都では大変な作業でありました。基本的には各自の希望に従うという方針でありましたから、私は元来「良き医師になるため」という人生の大目標から京都に出てきたという考えは変わらず、医師の道に限界を感じて職業革命家の道に足を踏み出したわけではないので、医師の道を歩むことが許されるならば、復帰したい考えには何の迷いもなくその道を選択しました。この決断には、科学的社会主義の創始者の一人であるエンゲルスが、学生に送ったメッセージが心の支えになったことも確かでありま※す。

※（前半は略）過去のブルジョア革命は大学から、政治家の最良の卵としての弁護士しか要求しませんでした。労働者階級の解放は、その上に、医師、技術者、化学者、農学者、その他の専門家を必要とします。というのも、政治機構の指揮ばかりでなく、あらゆる社会的生産の指揮をとることが大事だからです。ここでは、大言壮語の代わりにしっかりした知識が必要です。

兄弟の挨拶をもって
F・エンゲルス

『マルクス＝エンゲルス全集』第二二巻　大月書店　四一三—四一四頁

当時の京都の党の「表《おもて》」の責任者は電産労働者出身の井上武夫さんという一見人情オヤジといった性格の方で、私の家庭事情もよく知っており、一日も早く郷里の岡山に帰り、医師の道に進むことを支持してくれました。党との関係は私が責任を持つとまで言ってくれました。

長く離れていた母の様子を伺いに郷里に足を運びました。粘り強く気丈夫な母も些《いささ》か疲れた様子で、認知症の祖母を抱え、いつとは知れぬ息子の帰郷を期待しながら辛抱してきた限界がありありと見えてきました。私の心はもう迷うものは全くなく、医師の道への復帰を急ぎ追求することになりました。

早速、京大医学部の在学当時の学部長をしておられた荻生規久夫教授を訪問し、復学の道について相談しました。教授は、私の医師への復帰の考えを聞き温かく迎えては下さいましたが、京大への復学は不可能に近いので、一日も早く帰郷し岡山大学医学部に編入させてもらうようアドバイスされました。その理由の第一は、当時の京大総長は滝川孝辰法学部教授で、当時の学生運動とは険悪な状態にあり、とても可能性がないとの判断でした。第二は、岡大医学部には荻生教授のお弟子の山崎教授がおられ、その他京大出身の教授も在籍されているので、協力してもらえるとのことでありました。京都時代の旧友や先輩達も私の進路に賛成してくれ、郷里岡山に帰ることになりました。

ここで、足かけ一〇年間のわが青春の京都時代を振り返り、次節の医学の道への再起に繋げたいと思います。それを手短にまとめてみますと、良き医師になるためには広い学びが必要だという思いで郷里を立った私は、前半の四年間は、医学を学びながら、社会を知るための実践として学生運動に参加し、遮二無二《しゃにむに》活動しました。たび重なる事件に関与して処分を受けましたが、その心理的打撃にひるむことなく前進あるのみでありました。後半の職業革命家としての歩みは、上洛時には全く予想しなかったことでありましたが、当時はこれ以外の選択肢なしと心に決めたことでありました。六〇年余以前の過去を概観してみると、前半の苦闘は輝ける部分と共存した歩みであり、後半は先の見えない、忍耐の日々でありました。良き医師を目指す医学と社会の学びの実践とはいえいずれも苛酷なものでありました。旧友の中には、病に倒れて戦列から離れ、あるいは尊い生命を絶った方々があったことを思うと、私は、多くの先輩や友人に支えられましたが、よくも健全で今日まで歩んできたとの思いがこみあげます。

帰路大阪に立ち寄り、上二病院の桑原英武院長にご挨拶に参りました。桑原先生は戦前第三高等学校当時の学生運動家で、治安維持法で投獄された経験を持ち、岩手医学専門学校に入学し医師となり、戦後は大阪を中心とした医療民主化運動の中心的指導者でありました。私達もよく指導して下さった方で、お別れの一言を申し上げたかったわけであります。彼は自分の若い頃のことと重ね合わされていたのか、「松岡君、いろいろ苦労はあろうが、岡山で頑張ってくれ」と感情をこめて一言激励の言葉を下さいました。桑原先生は後に全日本民医連の副会長を務められ、綱領原案を起草された方であり、水島診療所への初代所長金高ますゑ先生を推薦して下さった、倉敷医療生協にとっては歴史的恩人でもあります。

第六章 再び医学の道へ

岡山大学医学部編入の道を探求

私は、一九五五年（昭和三〇年）の晩秋のある日、岡山市郊外のわが家に帰省しました。一〇年間留守にしていたわが家は、母と認知症の祖母の二人暮らしで、寂れた田舎の一軒家として静寂さをただよわせていました。祖母の異常行動のため、障子紙は破れ、座敷の床には仏前にローソクを積み上げるための焼け跡があちこちに見られる様子は、何とも言えない衝撃を私の心に与えました。祖母は私の存在は幾らかわかるようにも見えましたが、まともに名前を呼ぶことはありませんでした。私はこの状況から、一〇年間母と家族を放置してきた罪滅ぼしの生活が、これから始まるのだと、自分に言い聞かせました。

母は、私の帰郷に接して、何一つ愚痴らしい言葉を発することなく、「先ずはお前の健康回復だ」と何時かはこの事態を予想したかのように、自作の新米と新鮮な野菜はじめ栄養食を与えてくれました。母の愛情と、冬は寒く夏は暑い盆地気候の京都と違い、温暖で米麦はじめ野菜、果物、鮮魚と食物の豊かな瀬戸内環境で、私の健康は日に日に回復に向かいました。

さて私は、帰岡の目的である岡大医学部への編入という目標を一日も早く達成しなければなりません。早速、京大の荻生教授の紹介状を持って、薬理学の山崎教授を訪問しました。先生は快く私を迎えて下さりその趣旨に理解を示して下さいましたが、専門課程三年への編入という私の希望に対しては、急に表情が硬くなり困難なことを伝えられました。荻生教授からは具体的な内容が話されてなかったことがわかりました。ただ〝まじめな良い学生だ〟という人物評価だけだったようです。ここで初めてこの道は思った以上に困難なことを認識しました。この道の実現は安易な道ではないことを再確認し、あらゆる方法で可能性を追求する覚悟を決めました。

幸いにして、わが家は親族に医師が多かったので、伯父、従兄弟など血縁をはじめ、小学校以来の旧友をたよって打開の道を探りました。市内で開業医をしていた一人の伯父は、自分の医学博士の指導医であった清水多栄学長に面談し、「数多い甥姪の中で一番出来の良い子で、どうかよろしくお頼みします」と懇願してくれました。姉の舅で元満州医大教授をしていた義理の伯父は、クラスメートである関正次医学部長（解剖学教授）に要請してくれました。最初は理解ある対応を示してくれたものの、最終的には「定員オーバー」？　を理由に断られる結果となりました。もう一人の精神科病院長をしていた伯父は、国公立はとても無理だからと、寄付金を前提に関西の某私立大学に話を持っていってくれましたが、これも体よく断られました。当初想像した以上にこの道の険しいことを感じ、足を運べば運ぶほどにその困難性を重く感じるようになりました。しかし、一度漕ぎだした第二の人生行路を中途半端に止めるわけにいきません。出来ることは全てやり尽くそう、それでも駄目なら、最後は学校の教師の道を考えざるをえないという、切羽詰まった心境に陥りました。

最後のチャンスとして、京大の西尾雅七教授（公衆衛生学）のクラスメートとのことで紹介状を頂いた岡大小児科浜本栄次教授を訪問しました。彼も快く面談を受け入れてくれましたが、開口一番、「君が有名な松岡君か。君は有名すぎて岡大への編入は全く無理な話で、北海道へでも行ったらどうか」と言われました。一瞬がっくりしましたが、ここで引き下がったら終わりだと、「私は、母を郷里に残して京都へ勉強に出たので、親孝行を含めて帰岡しました。北海道などへ行くのなら岡山に帰ってきません。何とか道を開いてもらえませんか」と食い下がりました。彼曰《いわ》く「それなら一回生から専門課程の試験をパスして入学してはどうか、君なら今の学生と勝負になるだろう。その際は陰ながら協力しよう」ということでありました。「編入などという甘い考えは止めろ」とのアドバイスとも取れるものでありました。途端に私の闘志に点火された思いでありました。そもそも、医学部への編入という選択肢が、戦後の一時期とは違ってきわめて甘かったことに気がつきました。ここまで来たら頑張るしかないと思い直し、家に帰り

1950（昭和25）年当時の岡山大学医学部正門

母にそのことを伝えました。母には驚きとも衝撃とも見られる表情は見られませんでした。親戚の連中からは、十年間のブランクを理由に不可能なことだと、冷たい批判の声が聞こえてきましたが、私の決心は次第に固いものになり、少々の困難はあっても、道を切り開いてやるぞという闘志が燃えてくるのを感じました。

さっそく、岡大に紹介して下さった先生たちにお礼を言い、私の新しい決意を伝えるため京都に出かけました。先ず荻生先生のお宅を訪問しました。下鴨の閑静なお家でしたが、先生は快く私を出迎えて下さいました。私はその後の岡山での行動経過をつぶさに報告し、最後に浜本教授のアドバイスを受けて入試を受ける決意をしたことを話しました。驚いたことに、先生は「浜本君は実に無責任なことを言う」と大変憤慨されました。「安易な道は無いことがよくわかったので、勉強して必ず道を拓きますから」と逆に私から先生の怒りを宥《なだ》める一幕となりました。先生からは、「そんなに深刻に考えるな」などと慰めの言葉もいただきましたが、私の決意の固いことを伝えてお別れしました。解剖学教授で後に京大学長となられた平沢興先生には、教室に出かけお別れを告げに行きました。先生は「どこも受け入れてくれないなら、いっそのこと弁護士を目指して立命館大学の末川博先生の門を敲《たた》いたらどうか」とも言われました。旧友や党関係者も私の選択した道は安易でないことを知って、静かな激励の言葉を送ってくれました。後に京都の共産党の顔となった谷口善太郎さん（衆議院議員六回当選、共産党議員団長を務める）も、「医者の道の門を開けてくれないなら、アカハタ（現在の『しんぶん赤旗』）の仕事でもやってくれ」と別れの言葉を発してくれました。

二月某日の入試までには二カ月余りの時間が残されているに過ぎないので、母校である六高の恩師のお家を訪問し、温かい激励のことばをいただきながら入試の手続きにかかりました。六高の残務を担当されていた矢野岡大教授（英語担当）は快く私を迎えて下さり、「いろいろな理由で岡大に再入学される六高卒業生がいますので、君も頑張って下さい」と激励され手続きをして下さいました。

さて入試の準備となると全く学習資料は無く、正に裸の大将、「怖いもの知らず」といった状況でした。六高時代の教科書やノートはごく一部残されているだけで、母が友人の息子の高校時代の教科書を借りてくれただけが唯一の頼りでありました。親戚からは、私の受験に対しては現実離れしていると全く信用されず、とても協力してくれる雰囲気はありませんでした。私も些か無謀な計画かと思う節もありましたが、「当たって砕けろ」との正に開き直った心境でありました。受験で最も困難とされる数学については、微分・積分が一〇年で変わることはなかろう、語学は今の学生と比較すれば、ドイツ語では優位に立てるだろう、社会学は多くの体験から何とかなろうといった楽観的な考えで臨みました。

試験の結果は、当然のことながら不合格でありましたが、風の便り（出所と真偽のほどは不明）によると、私の成績は合否の境界域に入っていたとのことでありました。こうした不確実な情報が耳に入るのも、生まれ育った郷里ならではのことでありましょう。このことは、真偽のことはどうであれ、私にとっては言葉に表せない勇気を与えてくれました。「よし、それなら一年間勉強して必ず合格してみせるぞ」という当初以上の強い闘志が湧いてきました。同時に、今度は背水の陣を敷いてトップグループを目指し、政治的社会的ハンデイキャップを加えさせない成績をとらねばならないという固い決意へと進みました。

入試突破を目指した一年

目標達成のためには、最初のような挑戦気分ではなく、一年間を一日一時間といえども無駄にしない綿密な計画を立て、可能な学習資料の収集と、高校時代の教師はじめ旧友の協力を得ることが、最初の作業でありました。そのために以下の計画を立てました。

第一に、受験日までの約三〇〇日の学習計画を休みなく組み立てる。

第二に、書店を探索し、近年の各医科大学の専門課程入試の既出問題集を入手し、これを一〇〇%正解出来るようにくり返し学習する。

第三に、六高時代の恩師の岡大教授の個人指導を受ける（数学は片岡教授、英語は千葉教授、ドイツ語は杉原教授に週一回のレッスンを受け、物理学は坂手教授、化学は松本教授に月一回指導を受ける）。

第四に、社会学、生物学は独学とする。

善は急げと、この計画を立てた日から一目散に走り続けた一年間でありました。それは、六高陸上競技部のインターハイ五〇〇〇メートル優勝への道筋に似たものがありました。女手一つで頑張ってきた母の米・野菜作りの手助けと、認知症の祖母の見守りをしながらの一年間でありました。

三〇歳という年で、一年間の受験浪人生活を歩みながら時に考えさせられることもありました。先達の中には、医学と法学、医学と文学といった再学習の経験者は多々耳にしますが、医学への道の出直しコースを歩んだ人はあまり耳にしません。これこそ私の独自の人生行路とわりきって計画を走り続けました。この間の思い出はほとんど記憶に残っていませんが、唯一と言ってよいものとして、ドイツ語教師杉原先生との出会いがあります。

杉原先生は、六高の先輩であり私の六高生時代のドイツ語の教師（直接の講義は受けていない）であり、〝杉原君〟と学生が先輩として親しんでいた方でした。私にとっては、第二の人生への挑戦の道で、心の糧を与えて下さった恩師でありました。先生の遺稿集を編集した旧友小川洋君（京大文学部哲学科卒、高校教諭を歴任し、「岡山の緑と水と空気を守る連絡会」代表幹事）の言を借りると〝自由な巨人〟でありました。私にとっては、人生の転換期に当たって思想的な栄養を必要としていた時期でありましたから、先生の広い範囲の自由な発想は、温かくもあり深い味わいを感じたものでした。

週一回のドイツ語勉強会の様子は、前半はドイツ語テキストの邦訳に費やし、後半はあれこれの社会事象や自然に関する思想的、哲学的対話に費やされました。先生は、私たちのような学生運動に身を投じた若者とも深い思想的交流を持って下さる方で、根っからのスターリン嫌いの方でした。先生はニーチェの研究をしておられたと聞きましたが、私たちにこの考えを押し付けることはなく、哲学や文学の世界だけでなく、自然科学の分野にも深い思想的探求をされていました。学習テキストにへルムホルツ（Helmholtz）の『Naturwissenschaft（自然科学）』を選ばれたのもその一つであります。学習会の友人に「君、加速度とはどういうものか言ってみたまえ」と難問をふりかけられ、答えに窮する一幕もありました。

　また先生は、人間的な豊かさや親しみを与えて下さる方でありました。先生は、岡大関係者の間では知れ渡った大の酒豪家で、有名な市内の飲み屋「ブリアンサバラン」の常連客で、酒を交わしながら学生や友人と大いに語られていたことはよく知られた話です。会話の中では、独特の豪快な高笑いの声を発せられたことは今も耳に残っています。先生は、教師と学生という関係を超えた人間と人間との出会いという快い関係を保たれる方で、私たちに対しても常に信頼関係を保たれました。このことに関連したエピソードを一つ紹介しておきます。ある学習会の日、先生は昼間より酒を召され、学習会のこ

1950年当時の杉原重治先生

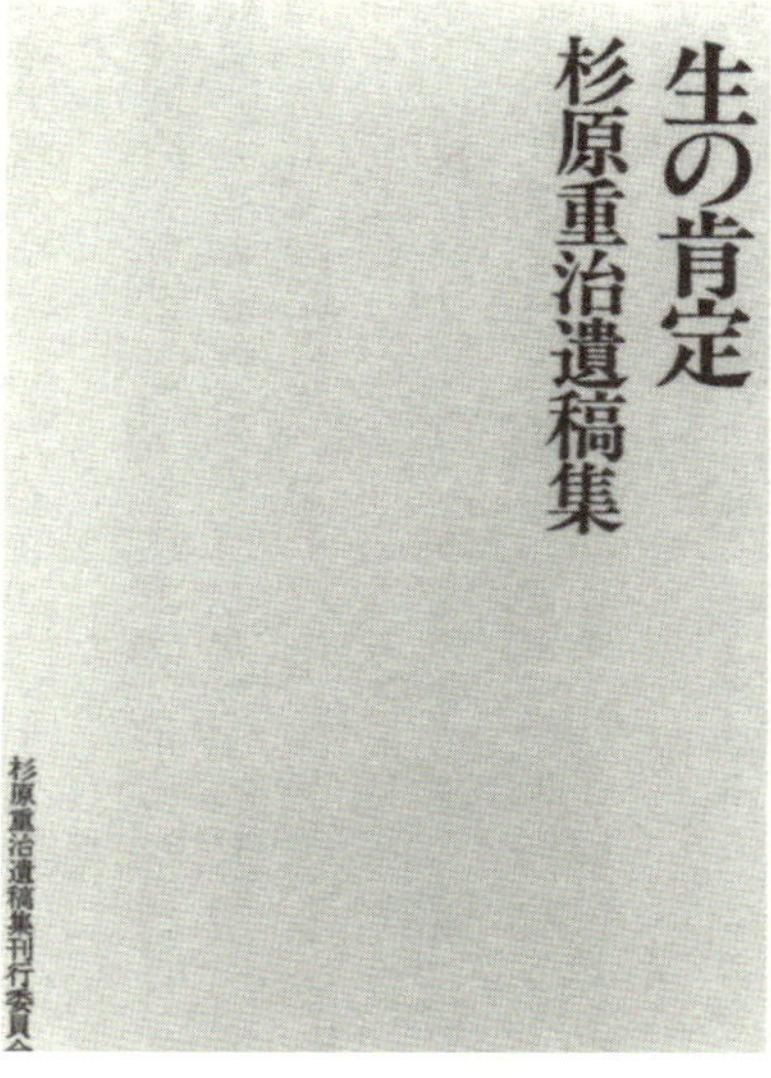

遺稿集『生の肯定』

とを忘れておられたらしく、上機嫌で帰宅されました。待機していた私たちは、どうすればよいか戸惑っていました。奥さまは大変気を遣われ、氷水やトマトなどを準備して、酔いを醒ませるのに一生懸命でした。幸い少しばかり酔いが醒めた頃、「今日はどこからかね」とテキストを訳され始め、所々語尾不明な処はありましたが、無事予定の部分を全訳されました。終わって間もなく先生は、「松岡君！うまく訳せたかね」と笑いながら私の顔を見ながら確認されました。私はどう答えてよいかわからず、咄嗟の判断で「先生！　酔っておられても立派に訳されました」と思わず答えてしまいました。先生は詫びることもなく、「そうか、よかった、よかった」と例の高笑いをしながら答えられました。私は数多くの恩師と出会いましたが、こんな率直で豪快な人に出会ったのは初めてのことで、忘れることは出来ません。ドイツ語勉強会の最後の日も、どうやらアルコールが入っていたようで、「松岡君！ドイツ語はもういいだろう、今日は儒教の話でもしようよ」と最後を締めくくられました。

杉原先生の人物評と哲学者としての横顔を紹介するため、前述の遺稿集『生の肯定』の最初の部分を引用します。（写真一九二頁）

人間は永遠にして無際限の宇宙から見ると、時間空間的に単なる塵に過ぎず、人生五十年など取るにたらないものだ、と高等学校時代の哲学をかじった友人が私に云った。当時、ニヒリスチックなものから脱却しつつあった私は答えた。「人間は確かに塵だ。だが単なる塵ではない。星を見、星を魂の奥深く感じうる塵だ」と。結局、その後色々と私の思想は変化発展し乍らも、当時のこの物の感じ方、考え方は、私の思想の根本基調となり今も変わらない。

いよいよ受験の日がやってきました。久しぶりに胸をときめかしながら受験場に入ったことを思い出します。試験の内容についてはほとんど記憶に残っていませんが、忘れることのできない二つのことを思い出話として記録に残しておきます。

その一つは数学の問題です。出題された数問の中に、「周囲が一定の長方形の中で最大面積のものは何か」というのがありました。しかも、これには（　）に「微分、積分を使わなくてもよい」とわざわざ付記されているではありませんか。一年間微分・積分を学習して来た私にとっては、急に得体の知れない衝撃に襲われた思いでした。それは、全力で走り続けた車が、急にパンクしたような、あるいは誰からともなく顔を平手打ちされたような衝撃でした。少しばかり時間をおいて心を静め、直感的に出た解答―言うまでもなく正方形―を微分・積分で導いてやろうと闘志が湧いてきました。微分を使って正方形であることを証明しました。なぜ旧制高等学校卒業資格者に対して、「微分・積分を使わなくてもよい」という条件を提示したのか、今になっても理解できません。噂話によると、前年までは岡大教養部の教授が出題していたが、当年から医学部に移されたとのことで、恩師の名誉を傷つけないため、これ以上は追及しないことにします。

二つ目は、ドイツ語のテストをめぐるエピソードです。和訳問題は、ヘルマン・ヘッセ（Hermann Hesse）の作品の一部で、魚釣り（Angeln）をしながら空想（Phantasie）に耽るという一文でありました。試験場を出て、一緒に勉強した友人に私の感想を語ったところ、多くの受験者は〝天使〟の話だと言っているとのことでした。それは、ドイツ語の Angeln と英語の angel の取り違いではないかと言ったところ、その場が白ける有様でした。これは私の間違いかとがっかりしながら家に帰りました。密かにドイツ語で点を稼ごうと思っていた私にとってはショックでありました。家で辞書を開いて確認し、私の方が正解だと思い直しましたが、何となく不安が付きまとったことを覚えています。三〇年以上もたったある日のこと、ドイツ語の出題をされた某教授が、酒の宴で、私の方が正解であることを語られたことで、胸のしこりが取れた思いでした。

三月某日、入試の合否が発表され、私の希望が叶えられ、医学への復帰という第二の人生行路の船出が決定されました。率直にいってほっとした気分になりましたが、落ち着いて考えてみると、一年間集中した再学習の結果としては当然とも考えられました。しかし、これからどういうスタンスで歩んでいけばよいのか、またしても未知の挑戦が始まる緊張感が襲って来ました。母は一〇歳近く年下の若い学生の中に入っていく息子のことを配慮してか、わざわざ学生服を新調してくれました。私も、これからの四年間は、まともに医学を学ぶことを肝に銘じ、新鮮な気分で医学生生活に足を踏み出す決意を固めました。

第七章

わが青春をふり返って

三〇歳代を迎えるやや長めのわが青春をふり返り、その締めくくりをしながら本稿を終結したいと思います。そのために、以下の四点について補足的な記述を加えて私の思いを表したいと思います。

第一は、戦後の混乱期の中で、「良き医師像」を求めて走り抜いた私の青春は、波瀾の多い道程でありましたが、今でも表題の如く「わが青春に悔いなし」と言えるのは、私を取り巻く貴重な人間関係の結果であると確信していることであります。医学関係の偉大な恩師はもとより、進歩を目指す数多くの先輩や友人から受けた影響は数限りなく、その思い出は今も鮮明に脳裏に焼き付いています。特に京都大学をはじめ、京都における活動の中で、医学以外の学問分野と社会活動分野で、私の目を開き精神を鍛えて下さった有名無名の数多くの先輩友人には、言葉で表現し得ない感謝の気持ちで一杯であります。こうした意味で、私は自分を育ててくれた第二の故郷は京都だと確信しています。また、母を始めとする家族、親族の支えは無論のことで、これも言葉には表現できないものであります。

第二は、想像もしない困難な事態に遭遇しながら、後退することなく、前へ前へと歩んでいけたのには、戦前治安維持法と闘った多くの先輩が背中を押してくれていたものと認識しています。中でも労農党代議士として国会で唯一治安維持法反対の態度を貫き、右翼の刃に倒れた生物学者・産児制限擁護者山本宣治や戦後の民医連運動指導者・上二病院長の桑原英武などは忘れられない人であります。

第三は、「良き医師像」を求めて到達した門には、科学的社会主義の思想が出迎えてくれたことであります。そして、病に悩む病者に対応する良き医師の道は、病者の生きる自然環境と社会環境の改革なしには、究極的救済とはならないことを教えてくれたのは、変革と夢を追い求める科学的社会主義の思想でありました。この思想に出会ったからこそ「良き医師像」を追求する上で、種々の困難にもめげず歩み続けることが出来たと思います。同時にこのことは、医道に限らず人間の究極の幸福を目指すことに連動していることを認識するようになりました。

第四は、第三の実践として、日本共産党に入党したことに関連したことであります。私の青春とその後の人生行路に一貫して大きな影響を与えたこと、特に強調しておきたいのは、同党の「五〇年問題」と呼ばれる歴史的欠陥の克服の重要性であります。このことは、わが国の戦後の民主化の道程はもちろんのこと、国際的な民主主義・社会主義の思想と運動に与えた影響は、今も継続されている重要課題であります。同時に私の青春の歩みにとっては、決定的影響を与えたものであり、「良き医師像」を求める第二の人生の出発点となりました。最近、旧友からすすめられて私たちの大先輩となる国崎定洞の生涯を記録した医学評論家川上武著『流離の革命家』に目を通す機会がありました。彼の人生は東大医学部を卒業し社会衛生学教室に学び、ドイツへ留学中にドイツ共産党に入党し、後に国際共産主義運動にも関与してモスクワに移り、最後はスターリンの粛清

宮本顕治（「前衛」臨時増刊）

桑原英武

山本宣治

にあって獄中でその尊い生命を奪われるという悲劇的な人生でした。時代の相違や個人の特性などから単純な比較は出来ませんが、心に深く残るものがありました。私たちの世代にとっては、日本共産党の「五〇年問題」の克服から党の再建に至る経過の、根底にあったスターリンの大国主義との闘い—今も続いている—がなかったならば私自身どのような人生を歩んでいたかと思う時、深い感銘を受けるものです。そしてこの難関を克服して日本共産党の再建をリードした宮本顕治をはじめとする先達の役割は特記すべきであり、一政党の問題にとどまらず、戦後の国の内外の民主主義にとって画期的でありました。また私たち青春期にあった若者にとっては自分史的な重要性をもっていました。

おわりに

本稿を閉じるに当たって、筆者の心情について二つのことを読者の皆さんにお伝えしたいと思います。

一つは、記憶と思いの錯綜する記述に対して、貴重な資料や助言を頂いた多くの旧友に対して、改めて感謝の意を表したいことであります。

二つ目は、時代的隔たりを超えて、青春の記録として読んで頂いた次世代の方々に、私の第二の人生はどうであったか述べる責任があると思いましたが、現在の体力と気力では容易な作業ではないので、巻末に「自分史のための年譜」を追加し、それにお目通し頂くことでお赦し願いたいと思います。

最後になりましたが、田中俊正さんをはじめとする倉敷医療生協の『搏動』編集委員会の皆さんに、心からお礼の言葉を述べさせて頂き筆を置くことにします。

〈補遺　自分史のための年譜〉

年	月日	年齢	内容
一九二七年（昭和二年）	九月二八日		岡山市で小児科開業医松岡意敬の長男として誕生
一九三四年（昭和九年）	四月	六	岡山県立女子師範学校付属小学校入学
一九四〇年（昭和一五年）	四月	一二	岡山県立第一中学校（一中）入学
一九四四年（昭和一九年）	四月	一六	旧制高校（六高）入学
一九四五年（昭和二〇年）	四月	一七	日本製鋼所（広島・向洋）に学徒動員
同年	八月六日		広島原爆で入市被爆
同年	八月一五日		終戦後、郷里岡山に帰る
一九四七年（昭和二二年）	四月	一九	京都大学医学部医学科に入学
一九四八年（昭和二三年）	二月一四日	二〇	日本共産党に入党
一九四九年（昭和二四年）	四月	二一	京大同学会協議員に選出される
同年	五月		「京大病院事件」に関与し逮捕される
同年	七月		無期停学処分を受ける
一九五〇年（昭和二五年）	一月	二二	停学処分解除される
同年	一〇月	二三	レッドパージ粉砕学生大会に関連し、無期停学処を受ける
同年	一一月		「前進座事件」に関わり放学処分を受ける（当時同学会代議員会議長、医学部四回生）

一九五一年（昭和二六年）	初頭	二三	日本共産党京都府委員会常任委員となり、学生対策部、労働対策部、南地区委員長、南山城地区委員長、組織防衛担当、教育・知識文化人対策部を歴任、一九五五年七月の「六全協」の方針により、党常任を解任される
一九五五年（昭和三〇年）	年末	二八	岡山に帰郷し、岡大医学部への入学を準備する
一九五七年（昭和三二年）	四月	二九	岡山大学医学部専門課程に編入学
一九五九年（昭和三四年）		三一	岡大医学部共産党組織の再建に参加する
一九六〇年（昭和三五年）		三二	医学部学生自治会活動として安保闘争に参加する
一九六一年（昭和三六年）	三月	三三	岡山大学医学部卒業
同年	四月		岡山済生会病院にて一年間インターン
一九六二年（昭和三七年）	三月	三四	間野玲子と結婚する
同年	四月		医師国家試験合格、岡山大学大学院に進学、岡大第一内科に入局
一九六三年（昭和三八年）	一月	三五	第一子（長女佳子）誕生
一九六五年（昭和四〇年）	六月	三七	第二子（二女泰子）誕生
一九六六年（昭和四一年）	三月	三八	同大学院卒業、医学博士の称号を修得する（主論文：網内系と造血に関する研究　一、髄外造血に関する研究　二、赤芽球島の形態と機能について　三、赤芽球の分化と酸素圧の関連について）

同年	四月	三八	岡山県御津郡福渡町立病院内科に就職する
一九六七年（昭和四二年）	九月	四〇	水島協同病院内科に就職する
同年			森永ヒ素ミルク中毒被害児三五人の自主検診を、わが国最初の後遺症追究の取り組みとして行う
同年			内科腎臓病を担当し、腎臓外来を開設し、患者組織「腎臓病友の会」の結成を支援する
一九六九年（昭和四四年）	七月	四〇	第三子（三女由美）誕生
同年	一〇月	四二	岡山市で開かれた第二七回公衆衛生学会で発表された丸山報告「十四年目の訪問」に次ぎ、遠迫医師の三五人の健診結果の発表に協力する
一九七〇年（昭和四五年）	九月	四三	水島協同病院従業員組合第一二大会で執行委員に選出され、水島地区労働組合協議会（水労協）の常任委員となる
同年	一〇月		厚生省の委託による岡山県粉乳砒素中毒調査委員会の委員に任命され、一九七二年まで被害児の健康実態を明らかにするために努力する
一九七一年（昭和四六年）	三月	四三	水島協同病院院長故佐藤義信先生の協力者として岡山県に保険医協会を結成する準備活動に参加し、同年一〇月正式結成を迎え理事を務める
一九七二年（昭和四七年）	三月	四四	山陽新聞労働者の鉛中毒健診を開始する

一九七三年（昭和四八年）	九月	四六	従業員組合第一五回大会で執行委員長に選出される
同年			倉敷大気汚染公害裁判が提訴され、原告主治医団の一員として証言活動に参加する
一九七四年（昭和四九年）	一月	四六	水島地域で最初の人工透析医療を開始し、厚生医療の認定を受ける
同年	六月		ひかり協会（森永ヒ素ミルク被害者救済財団）本部医療委員会委員に就任、以後等級審査委員会、救済審査委員会、保健医療委員会を歴任する
同年	一〇月	四七	ひかり協会岡山県地域救済対策委員に就任、一九九三年から二〇〇七年まで委員長を歴任、以後地域専門委員として現在に至る
一九七七年（昭和五二年）	八月	四九	倉敷市公害健康被害認定審査会委員に就任、二〇〇一年（平成一三年）一二月退任
同年	一〇月	五〇	第五回全日本民医連学術集談会（岡山市）で、特別報告として「森永ヒ素ミルク中毒」の中間総括を発表する
一九七八年（昭和五三年）	四月	五〇	倉敷医師会理事に就任、休日夜間急病センターの建設、学童腎疾患管理指導事業を教育委員会の委託業務に位置付けることなどに貢献する
同年	五月		倉敷医療生協理事に就任する

一九七九年（昭和五四年）	一〇月	五二	経団連の〝公害は終わった〟とする大宣伝に対抗し、批判論文を岩波書店発行『公害研究』に『大気汚染疾病の現状と医療上の課題―水島地域の場合―』を発表する
一九八一年（昭和五六年）	五月	五三	岡山県民主医療機関連合会副会長に選出され、一九八八年まで七年間役職を歴任する
同年	六月		第二批判論文「経団連意見書の医学的誤謬―医療の現場から見た批判―」を同誌に発表
一九八二年（昭和五七年）	三月	五四	水島協同病院長に就任する
一九八三年（昭和五八年）	六月	五五	日本共産党岡山県後援会副会長に推挙される
一九八四年（昭和五九年）	三月	五六	倉敷医師会理事を退任
一九八五年（昭和六〇年）	五月	五七	広島・長崎アピール署名について、推進運動水島委員会責任者に選出され活躍する
同年	六月		倉敷市学童腎疾患対策委員会委員長に選出され、二〇〇四年（平成一九年）まで務める
一九八六年（昭和六一年）	三月	五八	核戦争を防止する岡山県医師歯科医師の会が設立され世話人となる
一九八七年（昭和六二年）	一月	五九	母閑、交通事故にて死亡
一九九三年（平成五年）	五月	六五	水島協同病院長を退職、倉敷医療生協顧問に就任
一九九六年（平成八年）	四月	六八	ソワニエ看護専門学校長に就任

同年	九月	六九	倉敷医療生協文化誌『搏動』に「医学とエンゲルス」と題する論文の投稿を始める
二〇〇一年（平成一三年）	四月	七三	ひかり協会本部救済事業専門委員会委員長に就任
二〇〇五年（平成一七年）	三月	七七	同職を退任
同年	九月	七八	「憲法9条を守る岡山県医師歯科医師の会」が設立され、世話人会に加わる
二〇〇六年（平成一八年）	二月	七八	朝日訴訟の闘いの記録を残し、社会保障の闘いに貢献するNPO法人「朝日訴訟の会」が発足し、その副会長となる
二〇〇七年（平成一九年）	三月	七九	次世代の若者と社会医学的知識レベルの向上のため、日本科学者会議水島分会を結成、分会長に推挙される
二〇〇八年（平成二〇年）	五月	八〇	妻玲子、胆のう癌にて死亡
二〇〇九年（平成二一年）	五月	八一	『医学とエンゲルス―社会医学の立場から―』を大月書店から出版す
二〇一〇年（平成二二年）	三月	八二	ソワニエ看護専門学校長を退職、林精神医学研究所顧問・岡山ひだまりの里病院非常勤医師
二〇一二年（平成二四年）	一二月	八五	新日本医師協会岡山支部長に選出され現在に至る

著者プロフィル
松岡健一（まつおか・けんいち）
1927年岡山市生まれ。旧制第六高等学校から京都大学医学部、岡山大学医学部を経て水島協同病院の内科医師に。82年から同病院院長、93年院長を退任し名誉院長に。97年からソワニエ看護学校校長、2011年同校長退任。2012年から林財団顧問、岡山ひだまりの里病院非常勤医、新日本医師協会岡山県支部長。
この間、倉敷医師会理事、大気汚染公害認定委員、森永ヒ素ミルク中毒被害者救済財団「ひかり協会」理事会専門委員長・岡山県救済対策委員長、憲法9条を守る医師・歯科医師の会世話人、岡山反核医師の会世話人、NPO法人「朝日訴訟の会」副会長などを歴任。
著書に『医学とエンゲルス』（大月書店）。

わが青春に悔いなし 戦中・戦後を生きぬいた一医師の回想
2015年1月17日初版発行

著　者　松岡健一
編　集　山川隆之
発行所　吉備人出版
〒700-0823　岡山県岡山市北区丸の内2丁目11-22
電話　086-235-3456
ファックス　086-234-3210
ホームページ　http://www.kibito.co.jp
Eメール　mail：books@kibito.co.jp
印　刷　富士印刷株式会社
製　本　日宝綜合製本株式会社

ISBN978-4-86069-421-0　C0095